U0917875

爱情是女人一辈子的事

爱情是女人一辈子的事

笑以苛 著

中国纺织出版社

内 容 提 要

女人？男人？

最简单，却又最复杂！

生活在现代社会中，女人既要谋求生存，又要谋求爱情。怎样让自己活得更漂亮、更出彩，是众多女人面临的问题。女人的一生大体可以分为婚前和婚后，那么怎样做，才能把两部分都做得比较好、比较潇洒？本书将围绕当前最热话题展开，结合实际例证来向广大女性全面阐释怎样让自己活得更加潇洒、从容、美丽、得体！

图书在版编目(CIP)数据

爱情是女人一辈子的事/笑以苛著. —北京：中国纺织出版社,2012.5

ISBN 978-7-5064-8341-4

Ⅰ.①爱… Ⅱ.①笑… Ⅲ.①女性-爱情-通俗读物 Ⅳ.①C913.1-49

中国版本图书馆 CIP 数据核字(2012)第 027684 号

策划编辑：曲小月　胡　蓉　　责任编辑：徐丽丽

特约编辑：张　茂　　责任印制：陈　涛

中国纺织出版社出版发行

地址：北京东直门南大街 6 号　邮政编码：100027

邮购电话：010—64168110　传真：010—64168231

http: //www. c-textilep. com

E-mail: faxing@c-textilep. com

北京市文林印务有限公司印刷　各地新华书店经销

2012 年 5 月第 1 版第 1 次印刷

开本：710×1000　1/16　印张：15

字数：142 千字　定价：26.80 元

凡购本书，如有缺页、倒页、脱页，由本社图书营销中心调换

自序

她们谋爱，亦谋生

面对这样一个话题，我本来想请一个在文坛上更加具有权威的出名作家来给自己“蓬荜生辉”一下。

因为，面对女人这个话题，动起笔来，着实战战兢兢。一来，自己年龄尚轻；二来，总觉得自己阅历尚欠。再说，自古以来，以女人为话题的文章太多了，浩瀚如烟，让人难免看得眼花缭乱。

但是，经过一番考虑，我还是打算自己把这个序写完。尽管是粗鲁纸笔，然而“写文章犹如一个女人生孩子的过程”。我希望，我的孩子自始至终保持一种统一风格，不一定要别具一格，或是匠心独运，我只希望她有独特的气质，可以让更多女子不仅从中获得一些简单的知识，而且从中能感受到爱情的美丽。

说到女人，我不由地想到民国时期的那位女子，一位上海的女子，一位让现代人看了既心疼又仰慕的女子。

我大致记得她的一本书里面的一些内容："女人比男人较丰富于择偶的常识，这一点虽不是什么高深的学问，却与人类前途的休戚大大有关。男子挑选妻房，纯粹以貌取人。面貌体格在优生学上也是不可不讲究的。女人择夫，何尝不留心相貌，只是不似男子那么偏颇，同时也注意到智慧健康谈吐风度自给的力量等项，相貌倒是在次要。"

不错，它就是张爱玲《谈女人》里的一段小话。她显然是在很早就认识到男女关系赤裸裸的本质。

面对这个女子，我不知道该如何是好。

如其他人一样，我仰慕她的才华，欣赏她的智慧。但是，面对她凄楚的命运，倒也感慨颇多，为何一个有着家传首饰、出嫁时的花袄，文学成就极高的女子，最后却一个人孤单、清冷，客死异乡？

她曾写过："翩若惊鸿，宛若游神"的洛神不过是古装美女，世俗所供的观音不过是古装美女赤了脚，半裸的高大肥硕的希腊石像不过是女运动家，金发的圣女不过是个俏奶妈，当众喂了一千余年的奶。

她的歇斯底里，不觉让人心寒。

女子，本是花。

我们何曾变得如此凌厉？又如此刻薄？

胡兰成，这个男子给了她更多的溢美之词。

当然，他也是张爱玲一生无法割舍的一位男子。

其实，说到女子，我们不比男人，光是做好事业，就好像什么都有了。上天赋予我们女人更多的是“水”，是“花”等这些柔性娇媚的词儿。

尽管，张爱玲在事业上好像做得风生水起。但是，作为一般女人，我还是主张大家不管怎样，不负花般的容颜，水一样的生命。

毕竟，我们大多数人要求的并不多：头上搭着的竹竿上晾着小孩的开裆裤；柜台上的玻璃杯中盛着“参须露酒”；走到菜市场，买上一些小菜叶子……

身为女子，我们渴望这样的安宁，渴望这样的生活。

然而，身处现代，这样的生活往往成为奢侈，或者依靠男人生活已成为奢侈。

这在很大程度上，促使我写了这本《爱情是女人一辈子的事》。记得我曾经跟我的一位男性朋友说过我要写这样一些文字，他很不理解，说我纯粹是“女权主义”的思想作祟。在很大程度上，顺着他这种思想，赵宝刚又打造了一部《男人帮》，我没有看，但是，大致已经猜出里面的内容了。

无论如何，身边的一些未婚，或者是已婚的姐姐妹妹们还是站出来，让我把这本书尽快出版了。原因很简单，就是为了让更多正身处“囹圄”的姐妹们，能活得更加精彩。

作　者

2012 年 1 月

目录

上篇

相逢未嫁时

下篇

洗手做羹汤

最后

讲在最后的故事

上篇

相逢未嫁时

我们二十四五。

我们风华正当年，青春骚动，却迟迟不见那个他。

我们在惆怅：寂寞画鸳鸯，相望！

我们在彷徨：面对车子、房子和票子，琴棋书画该置于何地？

风花雪月该何去何从？才子佳人只当是传说？高山流水是否已经沦为历史的囚徒？

我们在感慨：假若，人生只如初见，多好。

他乃是他的旷世明主，她仍做她的绝代佳人，江山美人两不相侵。

没有开始，就没有结束。

初次，该纪念

将自己封闭在忙碌的圈子里面很久，像是已经绝情到只有工作方可以安慰自己。

上星期，我结识了一位还算有些资产的男性朋友，似乎有些人很愿意称他为“钻石男”，我没有反对，但也不会逢迎巴结。

我们面对面坐着，他很少说话，我亦惜字如金。大家只是偶尔笑一笑，聊一些无关紧要的话题，在暖暖的秋天的午后，这样的懒散总是让人异常惬意。在他的面前，我似乎总表现出对金钱歇斯底里的热衷，他可能当真了，因为我是金牛座的缘故吧，往往表现得比较真实。

在两年前，面对这样的男性，我可能会由衷地表现出对他的好感，让自己因而更加女性化，或者是无比感性。但是现在没有，我记得曾经在还没有见面之时，跟他说过这么一句话：“知道褒姒为什么喜欢烽火戏诸侯吗？”他回答了，却不是准确的答案。因为只有同样受过感情囹圄的同性才能真正做到彼此理解和明白。

见面后，他一再强调我该怎么样去理财、怎么样去生活，或者是怎样才能生活得更加有生机。我十分配合他的言语，但自己的心早已是那么明白，就如演员郝蕾在一次访谈里套用的一位外国作家的话语："亲爱的，你以为外边是谁？其实全是你自己！"

后来，这位男性朋友很少来联系我，我也很少去联系他。就这样，我们彼此陌生而熟悉着。我不知道他发生过什么，但是我明白自己发生过什么。木子美在 25 岁的时候就已经说明白了，陌生人最快的熟悉方式就是做爱。当然，我不会苟同。但是，在现世中，这样的熟悉方式有着火一般的猖獗。

因为两人的关系疏远而又冰冷，我又重新将自己打入到繁忙的工作牢笼当中。

一天，我接到一个来自上海的电话。我依旧用着已经练就好的中肯的语言，以最普通的方式接听了。

那边的声音有些微弱，有些沙哑。

她是我高中最要好的朋友，我们已经很长时间没有联系了。她的话语里几乎没有关于我的任何信息，只是在她略微颤抖的声音里，我听出了她的不如意。

她说："我病了。"

我没有惊奇，也没有表现出过度的悲伤，只是心里隐隐作痛，我语气平和地问道："什么病？要紧吗？"

"我上个月回家了，我妈妈带我去看的病，医生说是'脾郁结'，你不知道，我现在已经瘦成鬼样子了……"电话那头依旧在咿咿呀呀地说着，我却沉默了，不知道该用什么样的方式来安慰我亲爱的好友。

"怎么得的？"我的理性超出了同龄人所能承受的范围。

“你知道吗？我告诉你一个秘密，你可不许告诉其他人，我只跟你说啊。”她神秘地示意着。

我却已经猜出了几分：“说吧，遇到什么了？”

“你知道吗？我和一位男孩发生了关系。”她言语细润，一如我对她以往的印象。到这儿，其实我已经不想听下去了，说了又能怎么样？难道我还故作一副同情的姿态用极度煽情的言语来安慰她该如何如何？

“二十四五岁了，这属于正常。”拿着电话，其实我已经开始哽咽了，为什么一个再强大的女人在这样的事情上都表现得极度愚蠢？自己当然也不例外。

“知道吗？刚开始的时候，我没有接受他，但是在上海这么长时间只有他关心我的生活，是他让我慢慢感觉到了温暖……前些日子，我病了，是他一直照顾我，我们就发生了……但是，没多久，我发现他的手机里存着另一位叫做‘老婆’的女孩的电话，他们经常发信息，说一些肉麻的话。你知道吗？当我知道这个的时候，我痛苦死了，后悔死了！我怎么会这样？我怎么会把第一次就给他了呢？面对这样的畜牲，我真想掐

死他！”

她柔弱的身影朦胧浮现在我的面前，我挂断了电话，不想再说一句话了。

我走出办公室，坐上电梯。电梯里男男女女大概十来个人，方寸之间，我们似乎熟悉，其实陌生，偶尔寒暄，常常冷淡。

我不想笑话朋友愚蠢，或是随便。因为记得在一年前她就跟我说过，有两个男孩子一直在追她，但是因为没有答应那件事情，最后就不了了之了。通过这次的教训，她算是想明白了，可代价是把自己的身体也搭了进去。

走到楼下，看着广场的风景。时间已经到了秋季，柿子也熟了起来。

我用右手指轻轻地捋了捋自己的发梢，微微笑了笑，挺起胸脯，高傲前行。

面对朋友所谓的失去了第一次，我不由地想起在中国古代发生过很多次的情境：一位算不上倾国倾城的江湖女子，跟随爹爹卖艺谋生，在一不小心之间，遇到色狼窥视，在某个风雨交加的晚上，这女子便落入敌手，为了所谓的贞洁，于是乎，一把火，一只刀，要么来个玉石俱焚，要么只是断送自己的卿卿性命……

人们总对这类事情赞赏有加，尤其是在中国。所谓的“贞操”在这里体现得淋漓尽致。我不想去多加评判，因为年代不同了。

涉及这个话题，很多人可能会不由自主地想到“陈冠希”，想到“艳照门”。前两天，我还在微博上看见了某位作家的牢骚：一个“艳照门”把张柏芝搞离婚了，阿娇也落得个征婚的下场。

难道我们真的要被这么一件事情带来不幸吗？新中国成立以来，一再强调男女平等，浩浩荡荡的妇女运动兴起，妇联成立，之后又设立了专属于妇女的“三八”节。这一切来得似乎突然，但却体现了平等与合理。

妇女们一时之间好像真的抛却了孔老夫子的桎梏。

可是试问一下，真的是这样子的吗？章法改起来很容易，条例修起来亦简单，但是人们的思想呢？尤其是在经济高速膨胀的时代，是这样的吗？人们的思想真的有如此潇洒吗？

作为一个看客，我不能不佩服跟陈冠希发生过关系的女性。我这么说不是在提倡这种做法，只是如实说出自己的感受。无论哪个女子，最初的时候，谁能说她不“真”呢？可惜的是男人大多属于下半身动物。很多时候，男性总能抓住女性的弱点，那句让张爱玲说红了的《诗经》中的句子：“执子之手，与子偕老。”谁让女性天生就是喜欢“爱情”这个东西呢？张柏芝爱了，才发现冠希大哥后面还有其他女人，跟我那同学一样，而阿娇、兽兽的情况也应该类似。

在这里，我不能不说兽兽这个人。为什么她在“艳照门”里不只没有受到大的伤害，反而更加开拓了自己的事业线呢？

首先最重要的是兽兽在“艳照门”中没有掺杂过多的情感因素，她只把艳照事件当成一个上位的机会。其次，这女子在“艳照门”之前，并没有任何背景，没有任何可以当做“筹码”的人，可以说是“一穷二白”。正好因为有着与前面几个大腕类似的故事，她才博得了眼球和同情。

我相信一个受过情感摧残的女子，一定会逐渐理性化，知道对于自己来说，什么重要，什么次要，拿捏有序。如今，张柏芝还在抱着自己的儿子努力赚钱，常常泣不成声。阿娇呢，本来也长得娇小玲珑，还算美丽，但这时候看起来像是流落江湖的可怜女人。

而兽兽还原了自己本来的温婉与大气，事业做得风生水起。

同样是面对这种所谓“贞操”的陈腐怪论，或者某一次“贞操”的审核，为什么最后女子们走得路线完全不同？

记得我曾经问过一个朋友："你觉得现在的女孩子都坏了吗？"

朋友是大概 30 来岁的相对沉稳的男性。他略微思考了一下："也说不上，社会造就的吧。"

"那么你觉得在这样的大环境下，会有真爱出现吗？"我没想过他会给我什么惊世骇俗的答案，因为对于一个受过伤害的女子，问这样的问题本来就带着淡淡的悲伤。

"应该会，真正的爱情，应该是无关风月，无关性爱的吧。"他拿起茶杯，缓缓喝了起来。

但是，我依然认为，在这个荒爱的年代，你若是想得到所谓的真情，亲爱的朋友，请一定不要寄托于你的身体可以换回什么。如果你认为自己是娼妓，那么可以尽管"放肆"。但如果你还抱着初见的美好，希望和他一起慢慢变老，那么，请珍惜自己。

虽然我们会自然而然发生该有的关系，但天有不测风云。当一切超乎了我们的想象，我们就该死去活来吗？就该像报道中的很多大学生那样，因为这样的原因让自己的生命戛然而止吗？

亲爱的朋友，请记住，一定要记住，生命比任何东西都值得珍惜，只有活着，才会有希望。

初次，仅仅是感情的一个开始。

初次，仅仅是生理的一次变化。

初次，也是你一夜成熟的标志。

这个年代，已经不是个以身相许的年代。亲爱的朋友们，多多看重自己，前方的路才会更加精彩。张幼仪最后不是也让那个要追求新文化、冲破封建主义枷锁的浪漫主义诗人徐志摩顶礼膜拜吗？

当然，这中间你要面临的东西太多了，考验你的东西也太多了。请不要抱怨，请不要气馁。从明天起，关心粮食和蔬菜；从明天起，做一个健康开朗的女子；从明天起，推开窗户，面朝大海，春暖花开！

同样，愿我那朋友安好，希望她能真正明白女人活着的价值。“爱疯”的时代不需要哭哭啼啼。

至于一开始我说的那位“钻石男”，多年以后，他会对他的漠然感到无比愧疚与悔恨。

亲爱的女孩们，请记住自己的初次，一定要记住那个值得纪念的日子，它跟别人无关，仅是自己的意愿。记住，从那个时刻起，我们已经“独立”上路了，无论前方风雨雪霜，还是艳阳高照，请记住，一定要记住，初次，不过是我们一次新的开始！

你不珍惜，我为何执著

每个女子都应有她最合理的归宿。

《倾世皇妃》的热播不禁勾起了我的观看欲望，不仅仅是因为它有大制作和华服美女。

当然，这部电视剧的观众并非只有女人，更多的看客恰恰是男人。这部电视剧不像《水浒传》，里面男人的戏份并不是很多，也没有宣扬在战争与权势中女人是所谓附属品的观点。

女人，在这部剧里更多的是圆了自己“倾国倾城”的容颜之梦，体验到了万千宠爱集于一身的幸福感。而且，在现实当中已经遇不见像连城一样的痴情：“我们北国也有爱情。”已经遇不见像孟祈佑一样的“你只是我拿来的一颗棋子”，其实却心有千千结了。

至于男人通过这部电视剧，无疑是饱了自己的眼福。至于说什么忠贞的爱情，这样的词语用在当下，我个人觉得有些奢侈。虽然，我不是纯粹的“女权主义者”，但也可能在现实生活当中接受了太多这样的信息，人变得更加敏锐了一些。

前两天，我在路上遇见他。我们已经好长时间没有见面了，他曾经是我的邻居，时间应该是还住在平房的时候。

我向来对他不言不语，维持一副高傲的姿态，因为在我看来，如果一个男子在 30 岁还没有任何成就，那么他其实已经没什么值得炫耀，或者令女子疯狂追逐的资本了。

我依旧对他保持 45 度的笑容，他问我：“是不是快结婚了？”

我皮肉在攒动着：“你老婆是不是快生孩子了？”没想到的是，他居然刹那之间愤怒起来：“她呀，我就不让她生，她偏要生……”

那是一年前的一个晚上，因为要赶稿，已经到了凌晨一点钟，我正准备收拾好东西睡觉。这个时候，从门缝里挤进来一个刺耳的女声：“我生个孩子都不行吗？”紧接着便是满腹委屈的抽泣声。

“不行！”这样的声音，在这样的夜晚听起来使我感到格外刺耳。

“为什么不能？你也不想想，我嫁给你几年了？我们家是当地的，不算是很富裕，但是总有两套房吧。咱们结婚的时候，我没要一份聘礼，

没要你车子房子……”女人在絮絮叨叨地说着陈年往事，也许只是那么几年的功夫，但是对于一个女人来说，便是一生一世了。

“我当时就不要你，是你死皮赖脸地跟着我，如今还要跟我生孩子，你要不要脸啊？”男人已经到了歇斯底里的地步。

我的睡意再次消失，深夜里大脑越来越清醒，两口子之间残酷的语言像是刀剑一样深深地刺进我的胸口。“辗转反侧”，这回，我算是明白了。

“我们同学像咱们这样结婚几年的，该生孩子的生孩子，该有房子的有房子，该有车子的有车子，我跟着你有个啥呢？你说！你说！你说呀！你说！”平时这位令我讨厌的女人，却在这个时候让我明显感觉到了她的可怜。

“滚！你这就给我滚！”我已经听到男人动起手来。

我想冲出去，冲出去让这女人立马走人。真不知道跟着这样的男人还有什么意思？钱财，物质不说了，连一颗宽容的心都没有。我想质问一下这男人，这么多年了你难道就活出个二十平方米租来的小民房，和对女人动手的勇气？

吵闹声和愤愤不平折磨得我彻夜未眠，而到了五点多钟，天快亮了，两位怕是吵累了，我才终于可以睡去了。然而，刚刚进入睡觉的状态，又传来那女人的声音：“不行就离婚，我早都想跟你离了……”

“离就离，我就没想跟你结婚！”男人的决绝让我不得不佩服。终于，我要到了上班的时间，出门看见那女的果然是披头散发，却亲昵地搂着那男人的胳膊：“早点想吃什么呢？我给你买去。”

此时再次看见这个男人，他依然对我表示恭敬，对来他这儿做客的朋友们也都客客气气。我不知道该同情他，还是该怜悯他老婆？

男人继续絮絮叨叨给我讲着他满腹的“委屈”。我再次笑了，但依旧什么话也不说。

我倒不是说真的看不起这对男女，只是觉得有时候感情上的事，尊严还是需要的。当一个人连最起码的尊重都得不到的时候，你还在幻想他能与你风花雪月，长相厮守，甚至达到宋代词人苏轼所说的“十年生死两茫茫”的刻骨铭心的思念实在是不切实际了。

大姐，你还在自己的幻觉里做梦吗？

诚然，裹着被子可以洗澡，但那岂不是既耗费体力，又损伤精力，同时还劳民伤财吗？

俗话说得好：“男追女，隔层纱；女追男，隔层山嘛！”

有人说，追求好的对象必须下足工夫，而忍耐是其中必不可少的功课。说得没错，但毕竟是妾有意君无情呀，何必落个自讨没趣呢？

再说，你看看我那个邻居，他有什么呢？那女人虽说不上漂亮，也算不上善解人意，但她最起码是他的妻子，何必把人家搞得“爹不疼，娘不爱”的地步呢？最后还把自己说得特别委屈，倒像是人家女子占尽了他的便宜，结婚几年，要生个孩子还得摇尾乞怜。

《倾世皇妃》里讲的应该是五代十国的事情。在剧中，马腹雅是漂亮，是倾城，可马湘云又差哪儿了？论相貌，论才情，论家世，马湘云好像并不差，可是她挚爱的男人刘连成却只有狠狠的一句话：“我不会让你这么容易死的，我要你长命百岁，孤独终老！”多么凶狠的言语，这是一个丈夫对于自己的结发妻子应该有的言语吗？

当真人家马湘云就没人要了吗？难道天底下就刘连成一个男人了吗？一个堂堂楚国的公主被自己的丈夫羞辱、冷眼，难道就不会很优雅地说一声：“再见，我们还会见面”，然后，洗心革面，去获得一段新生吗？

我一直执著地认为，一个女人最大的报复和最后的胜利，并不一定是要和自己爱却不爱自己的男人白头偕老，而是彬彬有礼、潇洒地转身而走，让他永远记住你的背影；分开后奋发图强，该努力就努力，该学习就学习，该考证就考证，该整容就整容，以最短的时间，开着一辆豪华的劳斯莱斯，站在他的面前说“好久不见，我们去希尔顿酒店用点餐吧，我和我的（具有身份地位）丈夫请你”；然后，莞而一笑，转身而走，留下的只是那沁人的优雅的倩影。任这男人再嚣张，怕是也只能自己锥心地悔恨！

有人说，你说得倒轻松，情感岂是说脱身就能脱身的？我说，正所谓“江山代有才人出，各领风骚数百年”，每个年代都不乏死缠烂打的女人。假如你的老公是那种扶不上墙的，恐怕最后也会倒在你的“重压”之下；假如你的老公是那种拥有顽固思想的人，你最后的结局只有一种，如汉代的吕雉一般，任你再凶狠也只能到“冷宫”遭受折磨。

有人说：男人一旦绝情起来是九头牛都拉不回来的。那好，我用不着九头牛，不但顺坡往下溜，还要“推波助澜”。往往在这种时候男人倒开始“浪子回头”了。男人就是这样：得不到的最美！哪怕是“沉鱼落雁，闭月羞花”，在得到之后也比不上路边的野百合。

作家严歌苓以自己的家庭背景为题材写了《一个女人的史诗》，里面的女子长得不算差，是文工团的演员，连师长也拜倒在她的裙下。但不幸的是她喜欢上了有那么一点点文化的欧阳萸，致使一生都在追求自己的丈夫，一生都低声下气、受尽委屈，最后到了连自己的女儿都看不惯的地步。

亲爱的，倒不是这女人真的有多笨，而是这女人的心里放不下，舍不掉。面对对自己不闻不问的男人以礼相待，死心塌地，推心置腹，到头来，无法换取等价的回报，只能在深夜里暗自伤神了！

与其这样度日如年地过着，倒不如选择全身而退，找一个疼爱自己的男人，这总比受尽委屈来得幸福吧。

我记得在很久以前一位朋友跟我说过："你放心，这个世界最后不会剩下一个的，无论美与丑，她都会有比较合适的归宿。"是的，亲爱的朋友，又何必单恋一枝花？不如从容地走出来，看看世界，看看周围，总有适合你的那一抹彩虹！

像蝴蝶一般骄傲

我的朋友总会在某个时间联系我，但具体的时间却时常不能预知。

她是我高一时认识的第一位女孩，那时她给我的印象是：青春！凛冽！咄咄逼人！在她看来，我跟她几乎有着同样的脾性与志趣。她这样认为没有其他原因，只因我是班里唯一成绩比她好的女生，而且“有幸”的是我们做了同桌。

原以为我们会相处得很好，她再争强好胜，再歇斯底里，在我看来都是“败絮其外”的事情。坦白地说，我觉得即使自己的“慢调子”以及所谓的纯真不至于感化她，相处起来也应该是其乐融融，因为我只有一个目标——学好该学的知识，至于年级第几名我丝毫没有在意。

经过一段时间的验证，显然是我错了。班里一百多名同学，无论男女，70%以上的人都在排斥她，整天生活在她身旁的我，当然明白其中的道理。可碍于面子，我始终微笑，没有丝毫抱怨，尽管我的内心已经极度不满，想尽快逃离。

高一之后，我们各自进了不同的班级，生活的轨道也很少相交。我似乎已经淡忘了这个在高一班里只有我一个朋友的朋友。

就在前不久的一个晚上，已经夜里十一点钟了，我还在网上溜达，看看淘宝，看看视频，旁边放了一杯自制的“酸梅汤”，想着喝完就睡觉。

这时，QQ 再次闪动，有好友申请，我看了一下，是位来自长沙的女生，原以为是我的读者，就顺便加了。

“你还好吗？你知道我是谁吗？你现在的样子变了吗？变女人了吗？”这样的言语让我有些措手不及，或者是无所适从。

我笑了笑，可有时候笑跟快乐并不是紧密联系的。“你还好吗？”我并不知道她是谁，只是从字里行间，我已经知道自己并不喜欢这样的女生。

“我呀，你不知道，毕业之后我就留在了长沙，然后一直工作。知道吗？去年过年的时候，一位山东的男孩跑去韩国为我自杀了，死的时候留了两封遗书，一封是给他家里人的，一封是给我的。在信里，他说我是蛊惑他的毒药，我的魅力就像罂粟一般，让他望而却步，却又欲罢不能……”她倒不客气，将事情对我全盘托出，这勾起了我极大的兴趣。

“那你之前跟这男孩好过？”我想尽量刨根问底。

“我们只见过一面，他也在湖南大学读书，但是年龄比我小，我根本不喜欢他，他是‘富二代’，家里很有钱……”这絮絮叨叨的悲催的故事，让我不由自主地在记忆库里搜索：这是我的哪一位同学呢？有这样的读者吗？

“哦，那你现在怎么样了？”我试着问她，战战兢兢，害怕伤害了这熟悉，或者不熟悉的女孩。

聊着聊着，她给我打进电话，一听声音，我刹那间明白了：是她，我高一的那位同桌。

“那你现在过得还好吗？”我缓声问道。

“知道吗？我喜欢一个湖南的男人，但是他只跟我谈恋爱，不结婚。我想跟他好，我想跟他过一辈子……”几年不见的老友了，她居然连最起码的寒暄都没有，“重色忘友”一时之间在我的脑海里盘旋迂回。她果然是个目标性极强的动物！

“他多少岁了？”我试着问她这个我自认为本不该问的问题。

“他？43！”

我被噎住了：“哦，43呀。你喜欢他什么？”

“他沉稳、聪明、睿智、大气！”从她口里说出来这一系列赞美之词，倒让我着实想见识一下，这到底是一个什么样子的男人，竟能让她如此疯狂。

“那他对你如何？”

“他对我还算照顾，只是他工作上的事情比较多，常常两三个星期才找我一次。”她的言语里无疑充满了幸福感。

但是，旁观者清啊，傻子都知道她只不过是人家的一个玩物罢了，哪有喜欢一个人，却这么长时间才见上一次面的。男人如若不是真心喜欢一个女人，又怎会对她下功夫呢？工作忙？有时间跟酒店里的小姐调侃两句，就没有时间发个信息吗？

“那你现在是什么打算呢？”依照我的经验，这显然是一盘死棋！

“我也不知道啊，我已经没什么其他的要求了，过上一段时间能看到他一次，我已经心满意足了。”她的言语不再那么咄咄逼人。

我想象不出她现在的样子，与以前相比，她反差大得都令人费解。接下来我没有应声，她将自己认为最好看的一张照片给我发了过来，我看着看着眼角渗出了泪花：都一样！都一样！还是应了张爱玲那句：“在你面前，我比尘埃还要低。”

女孩子是不是到了这个年龄，到了自己心爱的人面前都会变成这样呢？

是不是所有的翅膀都被剪得七零八落呢？

是不是自己这么一副林黛玉般楚楚可怜的形象就真的能换回男人们的怜香惜玉呢？

真的是这样的吗？如若当真，那么班婕妤的《团扇歌》作何解释？

我想即使没有赵合德赵飞燕双姐妹的出现，依照班婕妤这样的“黛玉”形象，不要说是君王，只要是个人早晚也会有腻的那一天。

2005年“超级女声”选秀火吧，连我这么一个吹毛求疵的人，当时也是忠实观众之一。湖南台尝到了其中的甜头，从此年年选秀，一发不可收拾。

但是，老百姓也不是对美女就百看不厌，不然一时之间“审丑”的情趣也不会日渐盛行。什么“芙蓉”、“凤姐”、“小月月”等等，这些本来在人们传统的审美观里根本不可能容忍的人物，一时之间竟然火到不行。

所以，班婕妤最后落得个怨妇的下场实属必然！

话又说回来，是不是我们女人只有这样的“宿命”呢？难道所谓的“三纲五常”就真的束缚住了中国所有的女性？难道只要在中国出生就注定一辈子要受男人的“牢狱之灾”吗？

我可以肯定地说：NO！绝非这样。

即使那位名叫孔子的祖先，在封建社会里搞了这么一套东西出来，但武则天、吕雉、孝庄皇后、慈禧等等，没有一个被真正地束缚住。是不是这些女人天生就有霸权思想呢？我想大凡了解历史的人都不会这样去想，毕竟她们也都是一批“不幸者”。

我有一个从小就很要好的朋友，我们在两岁的时候就认识，我们俩家境相当，学习成绩也所差无几，但长大后，我们的经历却天壤之别。我对此本没多少感觉，她却问我了：“知道咱俩最大的区别是什么吗？”

我笑了笑，她回答了：“我们所受的苦难大致相同，但你是越挫越勇，而我却失去了那份勇气。”

其实，朋友不说我也明白，在同龄人之间，我承受的苦难并不小。但是有一点，我觉得我们必须相信：“天将降大任于斯人也，必先苦其心志，劳其筋骨，饿其体肤，空乏其身，行拂乱其所为。”

记住！一定要记住！上天有时候是在考验我们。如果你有足够的韧劲，那么苦难又算什么呢？

范冰冰，是当代中国娱乐圈不得不提的一个名字。多年的摸爬滚打后，她被人们尊称为“范爷”，难道她真的就很男人了吗？不！她依旧是风情万种。

她在娱乐圈中算不上最漂亮，尤其在这个崇尚骨感的社会里，她应该是被淘汰的对象。可是睁大眼睛看看，她是这样吗？她真的被撇在门外了吗？显然没有。她成为了中国娱乐圈里的一朵奇葩：她敢第一个在娱乐圈里穿上“龙袍”，她敢在国际电影节与各个国家的美女叫板。她给我们带来很多争议，更有人骂她，说她没有中国传统女性的婉约。

要婉约，可以。当年的范小姐不是也很青涩吗？她也希望“愿得一心人，白首不相离”。范小姐把自己的心给了那个叫王学兵的男人，结果人家却不接受。范小姐堕落过，懊恼过，伤心过，可是，生活还得继续。我说过，对一个男人最大的报复就是你比原来活得更好。范冰冰显然是一个很好的例证。

一天晚上，我和一位朋友讨论：像咱们这种女生为什么找个对象就这么难呢？她笑了笑说，其实也不难。我们爱的无非就是上进、智慧、可以拿得出手的男人，但是在这个女人以男人为天下“群雄逐鹿”的时代，我们比其他女人少了巴结，少了妩媚。我不由地调侃道，那咱们是不是该到“妓女培训班”修炼两天呢？

我们的对话很简短，但无疑带着发自肺腑的不满。

其实，束缚女人的根本不是外部条件。想想看，作怪的还不是我们的思想。希拉里曾说过：“并不是克林顿他做了总统怎么的，而是谁娶到我，谁就是总统！”多么自信的话语啊！

有时候，一个女人的漂亮并非“腰若流玩苏，口如含朱丹，指如削葱根”。一个女人要想美丽，最重要的是，要像一只美丽的蝴蝶，无论是亚洲的，还是非洲的，抑或是欧洲的蝴蝶。一个女子若能做到聪慧、大气、宽容、不骄纵、处理事情井井有条，那么她做什么蝴蝶都可以，干嘛非得当男人的附属品呢？

你的霸道可以去掉，但是亲爱的朋友，请保留你的自信，保留那份值得赞赏的品质。让我们做一个女人，做一个精致的女人，做一个像蝴蝶一般的女人！

让“翅膀”飞一会儿！

遇到“泡良男”

社会变了，男人没变！

社会变了，女人没变！

大学的几个朋友一年没有见面，这次有机会，几个女生好不容易凑在了一起，大家其乐融融。养眼的是，工作之后大家的衣着更加华丽了。

我们在上岛咖啡用的餐。

刚开始大家还显得比较拘谨，可能长时间没见的缘故，一时之间不知道话题从何而起。最后终于找到了一个共同的话题，还是那个我们女人最爱的东西，叫“爱情”。

先是在上海工作的那位朋友将自己所谓“不幸的爱情”全盘托出：在短短的一年时间内交往了几个男孩，结果个个“不幸失手”。这位女孩黯然伤神地问道：“你们说我有错吗？”

看着她无辜而天真的眼神，我只说了一句话：“孩子，你非常幸运地遇见了当今流行的‘泡良男’。”

什么是“泡良男”呢?

顾名思义，就是指那些专门物色良家女子，以把她们引诱上床为目的，一旦得手就像泡沫一样消失在空气里的男子。这样的解释难免有些赤裸裸，这不是我一贯的表达风格。可是伤害我们的畜生，怎能不通过这样的话语让姐姐妹妹们迅速达成统一战线呢?

这样的男生，或者更进一步地说叫男人，他们有的是已婚，但却在隐婚。

我特别清楚地记得金星在《舞林大会》上的一次点评，她说看了高曙光的一支舞蹈，终于明白现在的小女生为什么喜欢“老男人”了——上半身中规中矩，其实下面的舞步已经方寸大乱，这显然是一个婚外情的关系。当然，这样的点评可能过于犀利，但是我却不得不佩服金星的直接与大胆。高曙光倒像是受到冤枉了，无奈之下，一笑了之。

听了我的话之后，我亲爱的朋友显然不愿苟同：“其实并不像你说的那样，他是比较欣赏我的才华，我们俩之间有共同语言。”

我的朋友呀，咱们在同一个房子里一住就是四年，你有没有真正的才华，姐妹们难道还分辨不清吗?我是这样想，当时却并未说什么。

另外一位女孩笑了起来：“还有其他的吗?他还看上你什么了?”

“还有，他觉得我身上散发出来的气质跟其他女孩不同，他说只有我的这种味道才让他有一种童年时候会有的欲望……”

我的神呀，他可真会说，我看周立波可以下台了，这哥们都能把全国所有的女性忽悠晕了，那可是全国一半的人口。

看着这位昔日的姐妹，我摸了摸她的头，叹了一口气：“孩子，在今天我必须清楚地告诉你‘泡良男’的基本特征了。”

“什么呀?”没想到几个人都凑了上来。

"是这样子，根据总结呢，他们大概有这么四个特点：

1. 早期的'泡良男'多为有钱有闲的小开或暴发户，现在许多白领和小资也加入其中；

2. '泡良男'从不做性交易，他们觉得那很脏；

3. '泡良男'可以每天说一千遍'我爱你、喜欢你'，但他们绝口不提结婚；

4. 他们对越矜持的女人越有兴趣，因为他们觉得这样可以体现他们的品位。"

说完，我把手中的咖啡放在桌上，补了一句："就是这样子。"

姐妹们一个个瞠目结舌，都在吃惊于我的概括，我笑了笑，可能大家都经历过吧？

"对，对。"姐妹们一边点头一边环顾四周，好像真的做了什么见不得人的事情。

那么面对这种"泡良男"，我们就真的只能被人鱼肉吗？难道我们的眼睛真的被蒙住了吗？难道我们没有任何贪念就会上钩吗？当年的聪慧女子都上哪儿去了呢？莫非我们还在做着"完美情人"的白日梦吗？

闺蜜们终于按捺不住，在广东工作的那位先开了腔："你们也知道，我向来对挑选男友非常苛刻，这就是我上大学的时候一直没有找男朋友的原因，因为我在等他，我一直在等他，我相信总有一天上帝会把我要的他带给我。”

亲爱的，你还在做着“花痴梦”呢。这几天《倾世皇妃》看得可能有点多，像孟祈佑那样的男人在现实中会出现吗？即使出现了又哪会轮得到咱们？更不要说一国之君刘连城了。所谓的“泡良男”无非就是抓住了我们女孩子的这些弱点：个个都想圆一个“白马王子”的梦。

其实，你上当了！“泡良男”们都有预谋，他们早就定下了一个暂时取悦你的计谋。通常，“泡良男”在开始行动之前和都会对自己的目标进行多方面的了解。比如他们会从你的穿衣打扮和聊天的内容判断出你的年龄和爱好，了解你的性格、背景和工作经历。然后根据这些判断投你所好，让你生出相见恨晚的感觉，以为他就是你的“白马王子”。经过我的一番解释，那位闺蜜沉默了，好像是时间倒转，开始了回忆。不一会儿，她果然反驳了：“那他给我的浪漫呢？要是真如你说的那样，他又何必费这么大劲呢？”

我年轻的朋友们呀，早就说过，他们现在不缺车子、房子和票子，更可能不缺老婆，情人和“二奶”，而要你呢，仅仅是一种“感觉”。

Just feeling!（只是感觉）

至于浪漫呢，更是一个笑话。这类人深深懂得，真正有品位的女孩是不能用金钱打动的。况且由于他们要追求的目标太多，如果给每个女孩都花上一大笔钱，他们也无法承受。所以他们就理所当然地祭出了“浪漫”这一法宝。

“你也太残酷了吧，那照你这样说世界就没有真情了吗？我觉得他是我活了这二十几年来最懂我一个的。”

“泡良高手”最擅长揣摩女孩子心理，他们懂得什么时候该进，什么时候该退，以便把你的胃口吊得高高的；也懂得在适当的时候用适当的方式试探，以判断是否到了下手的“火候”。

能在情场打拼这么多年，拿捏有序，你觉得他的功夫会很浅吗？如若当真是个愣头青你会喜欢人家吗？那些没有什么经验的男人，即使跟你这么一位大小姐抢着去买单，然后不知所措，恐怕你也会不屑一顾地说一句“笨头笨脑”吧。

上海的朋友发话了：“那人家最后都把自己的一生交给你了，你还有理由去拒绝吗？”

亲爱的姑娘们，这句话正中要害！适当的时候，“泡良男”会让你相信他也是一个单纯而负责任的人，对你是纯纯的喜欢。即使对你有所行动，那也是情不自禁、情非得已。而事实上，他并不需要恋爱，更不需要婚姻。

“是这样子吗？”朋友们都对我赤裸裸的分析咋舌，我们继续喝着咖啡，几个女孩长聊了起来。

话说到这儿了，我不得不承认并非所有的男子都这样。但是怎么样增强自己的辨识力呢？这就需要我们擦亮眼睛了。

这类男子的一般特点是：年龄超过 30，多金，寡言，非常会在合理的时机出手，最后又搞出千万种理由说自己如何不得已。

如果咱们真遇见了这样的男人，也不能自认倒霉，一定要让他清楚地知道，他的行为习惯并非一件非常道德的事情，至于怎么处理，每个人的方法不尽相同。

对于我们女孩子来说，首先要做到的是保护好自己。既然你给我一个“降龙十八掌”，那我就要还个“九阴白骨爪”。

如果你觉得一个男网友在你面前太过“完美”，你一定要警惕：这有10%的可能是天赐良缘，却有90%的可能是预谋。你要尽量接触他的家庭、事业等圈子，从而查清他的真实身份。

擅长浪漫却从不在你身上花大钱的人，大多是情场老手，真心人往往是那些除了抢着为你买单就只剩下不知所措的愣头青。

虽然“泡良男”花样繁多，却都有个致命的死穴，那就是他们绝不会在某个目标身上花太多时间，因为他们需要更多的时间去寻找新的猎物。上床才是“泡良男”唯一的也是最终的目标。他所说的什么订婚或者已婚，只是为了将来顺利脱身而埋下的伏笔。身体是女孩最后的底线，不要轻易将身体交给对方。

那天，也是在我一番这样的讲解之后，大家才都释然、放松：“服务员，我们每个人来一盘牛腩饭。”胃口大开是好事情。

我们无法知道为什么会出现这么一个“泡良男”群体，但“防微杜渐”对于我们这些还渴望婚姻、渴望爱情的纯真女孩来说是有必要的，否则我们多经历几个“泡良男”，保不准就真到了“冷若冰霜”的程度，心比石头都坚硬，那我们活着还有什么的意义吗？

姐姐妹妹们，让我们举杯高歌：让这帮畜生，见鬼去吧！

我说算你狠，等着我

一个女子要经历多少苦难才能修成正果？

若非倾国容颜，怎会身边拜倒无数？

若非痴情，怎会黯然伤神？

若非恪守“愿得一人心，白首不相离”，又怎会患得患失？

若非真成了《诗经》最悲凉的那句“执子之手，与子偕老”，又怎么比尘埃还卑微？

有风的夜晚，我还是把那女子的录音放了一遍，心中不断感叹，女人究竟是为了什么？

芳芳是个已婚女子，今年已经31岁了，老公32岁。

然而，感情危机在这时候出现了，芳芳发现老公在外面有了别的女人。她一直认为自己是个兰心蕙质的女子，不愿意跟别人抢什么，尤其是男人。于是，她问老公是继续过下去，还是跟那个她过。芳芳的老公没有回答，而她自己却开始纠结起来。

几天之后，男人听说那个女人逛夜店时被人打了，当即丢下芳芳跑去找那女子。芳芳一个人在大街上，一边流着泪一边哼着林心如的《落花》，一个人走回家。

那晚，芳芳痛下决心：我得离，一定得离！可是还没等芳芳开口，男人又因为那女人闹自杀连夜赶了过去。面对他，芳芳已经心灰意冷了，可他毕竟是自己挚爱的男人。然而，他好像中了魔咒一样，天天跟那个女人联系，好像真是应了那个传说，亚当和夏娃非得偷吃一点禁果尝尝才觉得有味儿。

“冷冷的夜里被风吹，找不到人安慰；当初的誓言太完美，让相思化成灰……”芳芳很难过。男人变得更加过分，提出了分居的要求，芳芳没同意。毕竟谁都不希望把自己的老公让给别人，虽然她明显感觉到爱已经不存在了。对于一个女人来说，这是多么残酷的一件事情！

芳芳非常纠结，不知道接下来该怎么做。若一直让他这样下去，显然对她是一种折磨。说到离婚，芳芳也只是说说而已。

接下来他的行为变本加厉，他说害怕那女人再次自杀，毕竟那女人在这世上无牵无挂，他想得到应有的财产和那女人过日子。对于芳芳来说，这该是多么大的伤害呀！

芳芳觉得还是掌握他的外遇证据吧，如若真的有迫不得已的那一天，她也好把证据拿出来，起码保护自己应得的财产。不然，到时候人财两空，自己显然不能承受。

但是，在芳芳的内心深处，还是给他留了时间，如果他说一句“我愿意回到你的身边”，芳芳会立马回答“我原谅你”。

亲爱的，我们一定要死守“一枝花”吗？别弄得好像女人天生就离不开男人一样，我们的痴情显然让那些男人误以为自己的身价高高在上。

可无论怎样，既然结婚了，我们还是要尽量挽回。但是如果还未出嫁，那就不要受制于某个男人了。我们非得盯着一个男人不放吗？我们非得倾一生于一个缘分已尽的人吗？作为旁观者，大家似乎都学会了分析，而且头头是道。可是置身其中，又有哪一个能保持冷静呢？

才情倾世的如张爱玲，不是也犯了全天下女人都会犯的错吗？胡兰成无疑是可恨的，他知道如何利用张爱玲的名声造势，一开始的目的就不单纯。他与张爱玲分手后，流落日本过着苟延残喘的日子，而张爱玲却大红大紫，这不由得让他生出妒意来，便开始缠缠黏黏没完没了。

离了婚的汤姆·克鲁斯是有些后悔的，他以为女人离了婚都得苦着一张脸。那才错了呢，看看妮可·基德曼活得多风光，又是拿奖又不乏男人追。所以他不是滋味了，暗中也曾追问是否可以破镜重圆。

对这样的男人们，女人要做的就是像甩鼻涕一样将他们甩出去，然后以肆意的姿态宣告：我活得很好！

女人应该有一颗聪慧的心，懂得识别好男人和坏男人，将坏男人从自己的生命中剔除掉，同时把自己记忆中那些相关的枝蔓剪掉。

其实，我们已经不再年轻。年华易老，青春易逝。还是武则天说的好：“十八年，一个女人又有几个十八年？”擦亮我们的眼睛吧，男人的话疑信参半即可，还是将自己打造得更“美”吧。

让自己更端庄，让不良人望而却步。

让自己更高雅，让素质差的人自惭形秽。

让自己眼力更佳，学会远离是非、远离小人。

让自己更有风度、更善良，让坏人不忍加害。

让自己更收敛、更低调，让风情藏于内心。

让自己更义气、更幸运，让人们愿意和你做朋友。

将自己修炼得更加“锐利”，甩掉不该爱的人，来年一定让他愧疚无限。

你的风光，是对他最大的报复。不是吗？

做一个“兰心蕙质”的女子

“怨妇”、“怨女”这样的词已经屡见不鲜，貌似平常，但是被这样的词称呼的女子，哪个不是痛苦万分？

记得在我非常年轻的时候，也因为一个薄幸的男子若干天不进食，每天以泪洗面，蓬头垢面。正所谓“置之死地而后生”，从此我明白了：不是一个女人掏心掏肺把自己的所有给了那个男人，那个男人就会对这个女人死心塌地的。有时候，人会带有一种“天然的贱”，正如《给未知的自己》中所说：“亲爱的，你以为外边有谁？其实全是你自己！”

将自己看得重一些，要学会“巧取豪装”。

年少时，母亲一再让我们往“淑女”的方向发展，不幸的是时代变了。婚姻的规律变成了“越是淑女越难嫁”，男人“躲”淑女似乎成了这个社会的主流。我们都知道男人宠爱“坏女人”，淑女在“妖女”面前总是落败。这个时代的淑女，总是情场上的“输女”。

淑女输在一个“淑”字，太讲姿态，坐立行走有规有矩。就是这副派头，让男人见了想扭头。实际上，淑女最常见的几种身体姿态，反映了她们作为女人，独特而矜持的性心理语言。

淑女讲究站有站相。站着的时候，身体要稳重，不能晃动，立如青松，一本正经。这说明，她对于情爱有着闭塞和焦虑，如同一个把自己反锁进密室的人，既渴望破门而出，同时又害怕外边的不确定性。

淑女讲究坐有坐相。头部微低，不能翘二郎腿，两条腿要紧紧合拢并立在一起，同时要保持淡淡的微笑。这表示，她对待情爱问题是敏感的。有时候，男人在潜意识中会通过一个女人是不是在翘二郎腿，来判断她是不是容易接近。翘二郎腿的女人更容易表达出真性情，总是双腿并拢的女人神圣不可侵犯，她对待感情那种严谨过度的态度往往令异性挠头。

淑女喜欢两只手微搭着放在腰腹位置，娴静如古代仕女。这说明，淑女最害怕的是身体受到伤害，更重视身体的纯洁性和完整性。所以，在男人看来，与淑女谈恋爱迟迟进入不了主题，淑女其实从心底里都不喜欢婚前性行为。

还有淑女思索的时候常常抱臂于胸前，给人一种距离感。此刻，她正严阵以待，有着极为强烈的自我防卫意识。这是一种强调身体领域不可侵犯的防卫性姿态，是对陌生人和陌生世界的一种戒备心。此时此刻，即便她是礼貌的，也有可能仅仅是种伪装。

……

这一条条看下来，你是否有点明白淑女为何难嫁了？

淑女，把自己看得太紧，时时处处，她太顾忌自我的形象，故而一举一动中全是不太实用的“装饰”。当一个女人修炼成了淑女，往往也成了别人心中的“虚女”，她的一举一动，看在别人眼里就剩下一个“假”字。想得到爱情，女人还是真实一点吧。

淑女当真很悲凉!

告别人淑女的形象，女人，还必须多点智慧让自己明白，容易让男人“鬼迷心窍”的好女人到底是怎样的。

好女人要多给丈夫一些自尊。

“大男人”、“大丈夫”、“大老爷们”、“小女人”、“小媳妇”等等，从这些称谓中，我们可以看出，一个男人在家庭中自始至终居于核心地位。从古到今，中国的家庭模式就是“男主外，女主内”，因此女人们就不要在家庭里与男人发生权力之争。不妨把家庭主权让给男人，让丈夫多一份自尊，让他在人前人后、家里家外都做一个堂堂正正的男子汉。

千万不要让自己的老公英雄气短，做一个“受气包”或“窝囊废”，让他时时刻刻感觉到自己是一个男人，可以扬眉吐气，风风光光。所以，好女人总是要多给丈夫一些自尊，让自己的老公挺直腰板，做一个大男人。

好女人要充分地相信自己的丈夫。

男人是家庭的脊梁，这是女人无法替代的。往大了说男人有自己的事业，往小了说男人要养家糊口。为了家，他们要不停地在外劳碌奔波，他们要与不同性别、不同年龄、不同身份的形形色色的人打交道。好女人要充分地相信自己的丈夫，不必疑心自己的老公和哪个女人多说了一句话，也不必忧虑他怎么总是不回家。

作为妻子，不要疑神疑鬼，更不要对丈夫兴师问罪。要坚信，自己的老公在外面只不过是逢场作戏，他最终爱的是你自己。他说忙，你就相信他是真的忙，即使你打通他的电话，听到他是在歌舞升平的高级酒店，你也要坚信，他这是正常的应酬而不是拈花惹草。

好女人总是要有一颗宽容的心。

在长时间的家庭生活中，吸引对方的可能不是美貌，不是浪漫，而

是一个人性格中的光明面，这种光明面的展现是基于一个女人孩童般的宽容。女人宽容，多是因为丈夫有缺点、有失误或是做了对不起女人的事。这个宽容，从女人自身来讲，真的是说起来容易做起来难。因为要想做到宽容，首先要做到冷静和理智。

女人多是感性的，稍不如意就控制不住自己的情绪，尤其是当丈夫对不起自己时，就认为自己是天底下最不幸的人、最大的受害者和最痛苦的人。因为委屈而一味地要为自己讨回公道，甚至变本加厉地无理取闹，只会逼自己的丈夫走上绝情的道路。

即使丈夫真的做了对不起你的事，你也一定要冷静地思考，要权衡得失，把握好和丈夫发生争执的度。所谓绵里藏针，以柔克刚。作为妻子不妨多给丈夫一点原谅和宽容，你的宽容会让他感动与愧疚。唯有感激才会回报，也唯有愧疚才会有赎罪。

好女人要关怀丈夫的内心世界。

关心一个男人并不仅仅要让他丰衣足食，最重要的是关怀他的内心世界。要充分了解丈夫到底需要什么，他真正喜欢的是什么。投其所好，并不是一味地迁就，而是让丈夫真正地实现他的愿望和价值。

如果一个女人终其一生都没有读懂自己的丈夫，那她就真正是一个悲哀的女人。如果一个女人说出了丈夫想要说的话，做了丈夫想要做的事，丈夫想要的都让他得到了，我想，丈夫是不会再到外面去寻找满足的。

好女人要与丈夫心有灵犀。

人与人之间的交往，主要是心与心的沟通，夫妻之间更需要这样。心有灵犀，不光是两个人之间要有默契，更重要的是女人要对男人的内心世界有所洞察。要做到先知先觉，需要女人敏锐的观察，细心的体悟和适时的心灵碰撞。

好女人要理解自己的丈夫。

男人也有男人的苦衷和难处，男人势必要比女人多份责任和义务。作为妻子，要学会理解自己的丈夫。

理解丈夫，是给他一块垫脚石，让他跨越路途中的障碍；理解丈夫，

是给他一把伞，为他遮风挡雨；理解丈夫，是多给他一些同情，多给他一些怜悯，多给他一些支持。

好女人知道自己不是只嫁给一个人。

女性对婚姻的渴求非常强烈，但你一定要切记，当一个女人嫁给一个男人时，不仅是嫁给这个人，而且是嫁给了这个人身后的整个家庭。你要主动把自己当成是这个大家庭中的一员，认真地履行自己应该承担的责任，不必计较个人的得失。其实，同是一家人，谁得到都一样，而一旦失去，就是整个家庭的损失。

好女人总是充满自信与乐观。

乐观自信是一种魅力，如果自己都不认可自己，又怎能得到别人的认同呢？又如何能拥有完满的婚姻呢？女人的乐观自信不仅仅源于外表，更需要自身内涵、修养、品德的映衬。

家人的幸福建立在女人积极快乐的基础上，一个家庭有一个乐观积极的女人立刻就充满了活力。而消极失落是把双刃剑，痛苦了自己也会把家人弄得闷闷不乐，这样的家庭还能快乐幸福吗？

好女人总是能够自食其力。

女人不能堂而皇之地把丈夫当成自己的长期饭票，一旦经济上完全依赖丈夫，婚姻就容易变味。一个女人可以赚钱不太多，但必须能够自食其力。至于做全职太太，一定要三思而后行，尽管我们知道全职太太的付出其实也不少，但是因为没有实际的经济收入，功劳再大也会显得苍白。

好女人总是不过分挑剔计较。

家是讲情的乐园，不是讲理的法庭。结婚后，从浪漫情怀转入了锅碗瓢盆进行曲中，很多女人都会在家庭琐碎的小事中挣扎。面对夫妻双方生活习惯、脾气性格、兴趣爱好的磨合，一个家中总有一摊子事。大事求同，小事存异，大事讲原则不糊涂，鸡毛蒜皮的小事最好不要太计较和挑剔。

如果过于计较挑剔，非要把对方改造成符合自己的标准，就会令对方产生不满和反感。如果常常因为无关痛痒的事情导致夫妻之间发生口角，久而久之感情就会变淡。如果抱怨和唠叨常在耳边回响，又如何能幸福快乐起来呢?

好女人总是拥有自己的空间。

女人结了婚会少了几分自由，如果有了孩子，自由就更少了，天天围着孩子和丈夫忙碌，很少有属于自己的空间，而如果不热爱生活，就更容易失去自己的生活空间，也就容易把自己熬成黄脸婆。

女人在操持家事的时候，爱老公、爱家人是自然而然的事情，但同时也不能把自己给忘了。要热爱生活，要有属于自己的生活空间，事实上这也是珍爱家庭的一种方式。如果一个女人除了家庭、老公、孩子、没有自己的时间、兴趣、爱好、娱乐等，那么稍微有来自家庭的一丁点不如意，就会感到失落、郁闷。

好女人总是温柔地对待别人。

女人可以不漂亮不性感不聪明，但绝对不可以不温柔。因为缺少温柔的女人就像是河东狮子，没有了女性的温柔特征。

其实对男人而言，他什么都能承受，什么都可以抗拒，但最经受不住的是女人的折腾，最抵挡不住的是女人的温柔。女人一旦温柔起来，心底里深藏的浪漫情愫立刻就会变成明媚的阳光，把男人融化掉。

温柔的女人懂得以柔克刚，从不会和老公发生正面冲突。遇到分歧也绝不会大喊大叫，更不会当着别人的面让老公下不来台。温柔的女人善解人意，会等气氛缓和后慢慢讲道理，表明自己的立场。

温柔的女人也不会拿自己的老公去和别人的老公比较，灭老公的志气。这样的女人生活得轻松愉悦，比漂亮的女人更有韵味，更能让男人钟爱。

明白了这些，那么从今天起就让我们做一个“兰心蕙质”的女子吧。

他和她的玫瑰江湖，与我何干

当我爱上他的时候，他没有结婚，但却始终对一个女人无法释怀。他没有直接说他有多么想这个女人。可是，每次听到陈慧娴的《千千阙歌》，他整个人都像是被凝结了一般，在他深邃的眼眸里，刹那间泛起了泪花。

我知道，并且深深地知道这是为何。然而，我还是一直困于他的深情之中。

空无一人的房间，书架有刚翻过的印记。印记其实随处可见，但却不会停留。我不是阴暗的人，可是却喜欢在大白天将蓝格子的窗帘死死地拉紧，拉得紧紧的，紧紧的，害怕有一丝阳光打破这似乎很有意境的画面。屏风的画，以不太精致的工笔刺绣着一位古代的女子，女子妖娆的身姿像一根极具张力又有些枯萎的藤，女子的双臂挣扎向上，似在攀援无法企及的苍凉。忧伤似乎总是伴随着这血似的苍凉。

一旦谈起忧伤的女子，我便无法再深谈下去，因为忧伤总是伴随着痛彻心扉的故事。因为证明爱的只有难关，而最后得到的凄惨，人们会认为是一种美，一种令人神往而动容的美。

如果你的爱人曾经有过刻骨铭心的爱，那么这辈子他将之视为珍宝。一句“徐徐回望，曾属于彼此的晚上，红红仍是你，赠我的心中艳阳”，便能让人想象出入骨的爱恋，如果，如果他们依旧甜蜜，那么怎会出现这种忧伤的美？

一颗大大的泪珠，从我的眼眶直接落入键盘。据说，收集七颗动了真感情的眼泪便能成仙，这是真的吗？如果我从现在开始收集，是否需要一辈子的时间？一辈子之后，会成仙吗？会抛弃这凡俗的琐碎吗？会不理这可恶而又可爱的人们吗？

今天的阳光不知道是怎么的，总显得格外的张扬。光线硬是生生地穿过窗帘的缝隙，直达我发黄的皮肤。当我略显晦暗的眼睛再次触及到旧旧的屏风时，耳边还是“如流傻泪，祈望可体恤兼见谅”，心还是如一个不可治愈的伤疤，即使用上好的“云南白药”恐也无济于事。为哪般？这究竟是为哪般？

“明晨离别你，路也许孤单得漫长，一瞬间，太多东西要讲，可惜即将在各一方，只好深深把这刻尽凝望。”睫毛闪动着水雾抖了抖，这是别人的故事，我却动容得不晓得天地。“来日纵是千千阙歌，飘于远方我路上；来日纵是千千晚星，亮过今晚月亮，都比不起这宵美丽，亦绝不可使我更欣赏”调子突然往上提起，我深陷于这份美好。

十年前，我是一个小女孩，喜欢刺绣，热爱手工。那时候我不懂爱情，可是冥冥中早已将我的有情人圈定，人们说这是传说中的江湖。“都比不起这宵美丽”，只是还是刺痛了我柔弱的心，即使我已经用坚强伪装自己。

“因你今晚共我唱，临行临别，才顿感哀伤的漂亮，原来全是你，令我的思忆漫长，何年何月，才又可今宵一样，停留凝望里，让眼睛讲彼此立场。”该怎么诠释这段看似与自己无关的爱恋？爱恋总是充满坎坷与痛苦，愿天下有情人终成眷属的祝愿，有时候只是个美丽的谎言。

他带给我的美好，我这辈子能忘却吗？我甚至不敢相信自己，我真能抛下对他的爱意吗？

“当某天，雨点轻敲你窗，当风声吹乱你构想，可否抽空想这张旧模样。”爱情这杯毒酒，假如真的甘美如泉，那又为何总带给人痛苦和忧伤？

她已经出嫁了，而且嫁了三次。

他和我谈着恋爱，却总是忘不了她的深情款款。

我是不是该放手了？我已在怀疑自己是否真能让他忘记过去，重新开始。

或者，这辈子他只爱她，她也只爱他。

不管是否如此，为了我的幸福。

我想，我是时候离开了……

裸婚，敢不敢

“80后”有很多新鲜的话题，“裸婚”便是其中一种。所谓“裸婚”其实就是没有车子、房子和票子，有的只是一颗爱你的心。

如果这样，可真是赤裸裸的爱，那么纯粹，那么真。让多少人朝思暮想的美好，一时之间仿佛都能实现。梁山伯与祝英台不再双双而死，更不用只有变为蝴蝶才可以海誓山盟；罗密欧与朱丽叶，从此也不用互相伤害，有情人终成眷属。

当真这般？我在睡前，想起了一个女孩子的日志，恰好是关于“裸婚”的。

文丽与心中的他，结识两年。经受了时间和情感的考验，却终究未能经住现实的拷打。

他向文丽求婚了。求婚方式很简单，甚至有些寒酸，但是文丽却被深深地打动了。然而，横跨在他们面前的，显然还有一个现在很多年轻人都面临的问题——房子！

有人说，没有车子、房子和票子，我们依旧可以恋爱，我们依旧可以结婚。然而，现实却没有那么浪漫。男孩的家是一室一厅，如果结婚，他们显然是没了住处。莫非婚后还要租房子吗？

他家的经济条件不太好，父亲在几年前就半身不遂了，每天还需要很多的医药费。要是文丽提出来让男方家里出一套婚房，显然有些困难。但是，如果没有婚房，他们就一直这样拖着吗？就这样一直等下去吗？

男人随着年龄增长，价值逐渐攀升，而女人却风华不再。

文丽家的经济条件也不是很好，她跟父母挤在几十平方米的小楼房里。父母也一直希望文丽找个有经济基础的男人，来缓解一下住房问题，让女儿过得舒坦一些。

因此，面对他，文丽的父母担当了"拦路虎"的角色！他们的理由非常简单：一个字"穷"！然而，爱就是爱了，文丽执意要跟他继续下去。于是父亲决绝地说，那就断绝父女关系。

男友过生日了。他们因为没有婚房，压抑了很久，于是在街上大吼大叫，想让一切烦恼随着这深沉的夜一块远去。那天晚上，文丽和男友发生了关系。

有人说："男人是为了性而爱，女人是因为爱而性。"那天晚上，文丽却深深感觉：女人是因为性更爱！他们就这样歇斯底里、缠缠绵绵过了一整夜。那晚，文丽觉得美极了。文丽做了一个美好的梦，梦见他们拥有了一套属于自己的房子。

之后，文丽发现自己怀孕了。她更加着急了，她催男友赶紧把婚事给办了，男友说当然可以，但文丽的父母显然是不同意。再说文丽嫁过去住哪里？孩子住哪里呢？

文丽倒不希望的房子百平米什么的，因为她压根就不是拜金女。她只是希望简简单单，有自己一个温馨的家。如此而已！

文丽他们都刚刚参加工作，虽说都在国企，工资还不算很差，可是羽翼尚未丰满，打算自己买房，资金显然不够。

那就得求助了，只有向父母开口，却遭母亲的一口拒绝。因为能力有限，房子就只能成为幻想，男友也一筹莫展。看到这些，文丽真的很难过。

几次难堪的场景出现之后，文丽开始沮丧。没有房子，拿什么拯救爱情？没有房子，拿什么唤醒婚姻？

要把自己一生就交给一个男人之前，女孩子往往会有焦虑存在。其实，这也就是很多女孩子在出嫁的前一天夜不能寐的原因。因为回忆，因为畅想，也因为焦虑！

那不如看一下权威医学研究：初坠入爱河的人，间脑底部开始分泌出多巴胺，肾上腺激素也会大量分泌，瞳孔随之扩大，心跳加速，这就是人们所说的见到爱人时会“面红心跳”的感觉。

然而这两种激素仅能持续半年到两年。在激情方面得分很高的迷恋，就是这种爱的初级阶段。而完整的爱情，则是三要素的完美结合。这三要素里，并不包含所谓的车子、房子和票子。

有人说，“裸婚”很好的，两个相爱的人可以一起享受从无到有的快感，这样的感情恐怕才叫“相濡以沫”。和你一起慢慢变老，那自然不在话下。

可是真的就这样简单吗？

有一位朋友，当时大家都非常羡慕她嫁到宝岛台湾去了。她为了爱情，赤裸裸得不管不顾。记得当时，我们圈子里的所有女孩都羡慕她，觉得她简直洒脱到了极致，好有琼瑶奶奶小说里女主角的范儿呀。一场裸婚战，在圈子里传得沸沸扬扬。

那时候，我还没结婚；到现在，我仍然没结婚。

今年，她回老家了，我在街上遇见了她。原本想着让她告诉我一些婚后美妙生活的片段，聊聊宝岛女子生活的话题。令我万分诧异的却是，她沉默了。在我看来，一个并不内向的女子开始沉默显然是因为感情上出现了问题。

在一个有些凉的下午，我请她喝咖啡：“你怎么了？可以说说吗？”

旁边的音乐依旧交替，但始终在我耳膜中震荡的却是张学友的《我真的受伤了》，她不言不语，显然已经不是我认识或者印象当中那个女孩子了。

终于，她开始讲起了自己的故事：

“那年，在没有亲人的祝福下，我义无反顾地嫁给了比自己大整整十岁的男人。那时候，他没有房子，没有车子，只是一个浪子。我爱浪子，爱漂泊的人。我想象着自己成为三毛笔下的人物，拥有沙漠的浪漫。”

“于是，有一天，我就跟着他义无反顾地去了台湾。那时候，我心中轰轰烈烈，起伏跌宕。我想，这应该是世界上最美的、最浪漫的爱情了吧。我跟着这位浪人，来到了台湾一块生活。”

“然而，长的是岁月。他有了别的女人，而我还是租着房子。结婚几年了，连一块住所都没有，于是我想起了母亲当时的话，一个男人如果连避风港都给不了你，最好别指望他什么。”

“‘深情是我担不起的重担，情话只是偶然兑现的谎言。’我明白了‘裸婚’之痛！”

我记得歌手陈升曾提前一年预售演唱会门票，仅限情侣购买，一年后两张票合在一起才能奏效，这场演唱会的名字叫“明年，你还爱我吗？”。

刘若英已经嫁了。但当然不是裸婚，因为她已经不是裸婚的年龄了。看到现实种种，我不能来评判裸婚到底好不好。有人欢喜，就有人忧愁。

爱上有妇之夫，远远观望

一个女子和一个男子相爱，男子却早已经结婚。女子是一个纯粹的“女权主义者”，她不想去伤害任何一个女性，包括他的妻子。

那天中午，女子习惯性地一个人走进“美斯特”，这家致力于学习与模仿“肯德基”的某国餐厅。人员稀少，除了几个略显忙碌的工作人员。统一的员工服装，显示着一种内在的“企业精神”。可是愈是如此，这女子大脑愈发僵直，只是蹦出一个词儿——金玉其外。

这是一位女性作者善于抓住本质的偏好，她喜欢将一切赤裸裸地摆在桌面上。尽管很多人认为女子这样很傻。

金星的话语骤然间在她敏感的神经冒起，那是在《舞林大会》上，当巩新亮跳完一支舞蹈的时候，金星给了最辛辣的点评：“性感，不是摆在桌面上的，你露的不是性感，是猪肉。”当时，巩新亮一时之间有些无所适从。她不知道面对全国观众，金星这样柔软的“歇斯底里”需要何等的勇气，只是当她面对这样的真实时往往手足无措。

从那个时候，这位女性作者就喜欢上了金星，那个先是男性，后是女性的女人。尽管有很多人提起她就反胃，但是这个世界上还有人对钻石过敏呢。

叫了“鸡肉饭”，这位作者仍然一个人用餐。对面坐了两位貌似高中生的学生，她冲着其中一位友好地笑了笑，另一位在窃窃私语她的时尚。可以肯定的是，她们在一个劲儿地讨论这位姐姐有无文化和会不会做家务。因为据不完全统计，美女大多为草包。

这女子笑了笑，但是眼角的泪水已经开始泛滥，他的教育机构的宣传单页就在她的右手心下面——我们的距离到底有多远？一个男人和一个女人之间到底有多远？他，也许就在隔壁，却视而不见。爱一个人，当真就这么辛苦，还是本来就爱错了人呢？一段错误的恋情是不是就昭示这男子和这女子本来就不该相遇呢？有人还说，缘分尽了，就是尽了。或者，缘分从来就没有开始。他，是有妇之夫呀。

这时候，耳旁响起了冷漠的《小三》，对于她来说，以前是坚决不会听这种歌曲的，光听名字，她就会觉得无限低俗。可是今天，就在此时，她的心里竟无限震荡。

窗户下面的行人来来往往，母亲给她打来电话，一如任何更年期的女人，给她最挚爱的女儿诉说着表哥的婚期与表嫂的美丑。这女子惯如往常地沉默。母亲实在说不下去了，于是责问：“你的男朋友呢？你什么时候可以把他带回来？你总是冷漠，你总是这么冷漠！你就不能改改吗？”

旁边一道浮光缓缓掠过，这女子挂断了电话，谁不知无情最是有情人？她叫了一杯奶制热咖啡，眼泪一滴滴跟咖啡一块儿滚烫。我们之间真的只是墙里墙外的距离吗？有多远，到底有多远？

女子，哭了，一个人坐在“美斯特”里痛哭起来。

回到相约的地点，
在这我对你不了解，
以为爱得深就不怕伤悲，
偏偏爱人心成雪。
我独自走在寂寞的长街，
回忆一幕幕重演，
我告诉自己勇敢去面对，
就算心碎也完美，
想起我和你牵手的画面，
泪水化成云霞满天，
如果我和你还能再见面，
就让情意旧梦能圆。
我们在不同的世界，
想着每一次的误会，
好像再一次依偎你身边，
偏偏你有千里远。
我独自走在寂寞的长街，
回忆一幕幕重演，
我告诉自己勇敢去面对，
就算心碎也完美。
想起我和你牵手的画面，
泪水化成云霞满天，
如果我和你还能再见面，

就让情意旧梦能圆。

……

或许，这一切就不该开始。和他，或许就是一种宿命，只当认了！

《如梦之梦》，这是赖声川的代表作。她拿出来看了看远方，就让一切从这里结束，从这里开始吧！

“小三”，我不做

在社会上常常听见“小三”这个词，这无非是道德上的一种贬低，当然，每个女子都会排斥这种“头衔”。

然而不幸的是，我的一个朋友亦得到了这个“头衔”。她来看望我的时候向我讲述了她的故事，显然她没有什么可以倾诉的对象。

“我和他是在网上认识的。

“我一直是一个对感情很苛刻的人，你是知道的。在上大学的时候，那么多男孩子都在追求我，但是，千帆过尽皆不是，我一直在等他。我痴痴地等着他的出现，我想在世界的角落，总会有他的影子出现。于是，在今年刚过完年，我在网上遇见了他。

“我们聊了很多次，终于约定下班后见面。他坐在我旁边，我惊呆了——他长得太帅了，言语之间也很随和。我无法形容自己当时的心情，只是愿意就这样长相厮守。真的，那时候什么理想呀，什么梦呀，全是因为他的出现而被统统打乱了！

“很快，我们经常见面，经常约会。一切发生得那么快，我们很快发生了关系。周国平说过，男人因为性而爱，女人因为爱而性。我们发生过关系之后，他突然像是变了一个人，沉静了很多，好像再也没有以前的激情了。

“我开始慌乱了，是他不爱我了吗？我开始混到他的公司，和他的下属打成一片，我想打听一下有关他的私事。可是，据说他生活作风严谨，一直都是独来独往。听了这些，我更加想把自己的爱分给他，我想用自己来温暖他。我一直努力着，却似乎总得不到回应。

“终于有一天他告诉我，他是有家室的人了。那我算什么？‘小三’吗？这是我生平最痛恨的一个词，没想到却加到了我身上。但是，我已经无法自拔了，心中除了他，再也装不下任何一个人了，我该怎么办？我的情感又该何去何从？”

她的简单的故事讲完了，我沉默了一会儿。

是个女子都知道，“小三”永远没有未来，即使有的“小三”幸运，有一个不错的结局，但那也寥若晨星。这种警告从我们的祖辈就已经存在，“小三”的下场也每每验证了这个警告。但是，很多人爱在其中却执迷不悟，仿佛“未来”真的存在。于是，“小三”们几乎是前仆后继，仿佛只有他们这种所谓见不得光的“刺激”才叫做爱情，叫做真情。

难道真的如歌词里所唱，“情深依旧闯难关”？她们心里想的无非是“我年轻，他成熟；我美貌，他智慧”，难道我们不是天造地设的一对吗？自古美女爱英雄，也当如自古英雄爱美女，不幸的是，我们中间横跨了一个“黄脸婆”。

可是，亲爱的，你当真是幼稚！为什么所谓的“成熟男”只跟你上床，却从来不跟自己的老婆离婚呢？我想总是有原因的吧。

自古以来，从猿人时代开始，孩子就在母腹里生根发芽，开花结果。而父亲却从来没有这样的过程。所以女人生育的次数比男人种下“种子”的次数低很多。在远古时期，即使没有避孕工具，女人也不过是十来个孩子的母亲，这还是说这女子一生只是为了繁殖。

而男人，只要遇见愿意交配的，便可肆意妄为，管他十个、八个还是百十来个，他们都乐在其中。因为他们付出的只有疯狂的快感，到头来并没有太大的损失，大多数男人肯定希望在这个世界上留下自己更多的“种子”。于是，出现了风流，出现了不专情等一些诋毁男性的词。当然这些词，可能大多出于女人之口。谁都会讨厌自己的男人被别人分享，“小三”也是如此。

但是，男性天生具有传播更多“种子”的基因，他们希望“种子”遍布各地。一个绅士可以在最下等的酒吧与舞女调情，可以互相拥抱，甚至可以做爱，他们觉得刺激而释放。然而，玩归玩，爽归爽，男人还是比较在乎自己的婚姻，有分寸的男人知道什么时候该回家。对他们而言，孰轻孰重，他们非常明白。

我如此赤裸裸地分析只是想让我的朋友明白，对于男人来说，婚姻是非常重要的。因为先天性的原因，男人喜欢和更多的女人上床，喜欢和自己相匹配的异性造爱，以此来满足他们本能的欲望。

所以，我觉得，既然人家已经结婚了，自己又何必落个“小三”的骂名呢？何况今天的“黄脸婆”昔日也像现在的你一样美艳动人。那遭受到的所谓“指责”，遭受到的所谓“寂寞深宫”的落寞，又何尝不是“小三”们自找的呢？

所以，即使我爱上了一个人，但是让我做“小三”，我也要坚决说再见。然后，永远不回头！只有这样才能让生命拥有另一片奇彩。

我想我行，你也行！

“枪”没那么准

每个女子在年轻的时候，都有可能会“遇人不淑”。然而，只有从我们跟男人接触开始，我们才开启了人生真正的旅程。有人说，一个女人的成熟是从一个男人开始的。这种观点经过验证后，显然没有多大错误。

自古以来，男男女女间总是发生着令人感动，或者令人气愤的事情。一位“90后”姑娘的故事，显然让我乱了心思。

“我和南是在一次去丽江的旅行中认识的。

“那时候，我正好大三，我希望看到最美的风景。我喜欢一切美好的事物。当然，包括人。有人说，这种女孩不切实际。我想，这可能就是我这个文艺青年的情愫吧。于是，我在业余时间里尽量接触美好的事物。云南丽江算是一个。

“那天，是一个淫雨霏霏的日子。一个男孩映入我的眼帘，他就站在丽江古老的街道上，与周围的景色格外相衬。我想尽量让这种人与景相协调的画面保留下来，于是拿出了‘单反’，想让这瞬间定格为永恒。

可能我的动作有些慢，这位男孩在一闪念中消失了。

“我冒着风雨，找了半天，终于在一家客栈找到了他。他那一副忧郁的眼神当即就深深地打动了我。我希望这一切在刹那间永恒。

“慢慢地，我和他交往了，慢慢地，我们成了恋人，并且羡煞旁人。我们成了所有人眼中的一对金童玉女。然而，我们俩却始终相隔两地，我在南，他在北。

“我是南方女孩，他是北方男孩。每次去他所在的北京，我都抱着无限的美好。就这样，我们一直相处融洽。

“终于到了毕业那一年，我去了北京，他留在了北京。我们在北京开始了新的生活，并且开始了真正的同居生活。我想这一切来得太突然，却又那么美好。我整个人沉浸在了无限的幸福当中。

“然而好景不长，我知道了他经常去夜店，经常招惹不同的女孩子。他是一个以酒吧为家的男人。他是因为孤独吗？他是因为压抑吗？或者，他生性风流？

“我试着跟他谈过自己的想法，我想每个女人都不愿意将自己的男人与别人分享。每次他都嘻嘻哈哈地说，只是在外面玩玩。

“可是，我在想，他什么时候才能玩够？什么时候才能与我结婚？难道我就这样一直等下去吗？难道等到他有一天厌倦我了，用一句简简单单的‘我们不合适’而不了了之吗？”

我，乱了头绪……

面对这个生性单纯、对情感专一的“90后”女孩，我想到了自己的过去，我也曾痴心一片，也曾抱着一个美好的理想，一心投入某个男子的怀抱。

正因如此，我才清楚地道这个“90后”女孩应做的事：分手！

这样耗下去显然是没有任何结果的，一个女孩子的青春毕竟有限。

而男人就不一样，一个恶心的丑男在四十岁的时候也可能找到一位像模特一般标致的女友。从年龄上来考虑，我们显然没必要在这样一个苦等中去浪费时间。

有位作家说过："你指望把一个浪子变成良人吗？"那显然是不可能的，每个人自打生下来，上帝便会赋予他独一无二的禀性，而有些人就理所当然地充当了浪人的角色。他们一生拥有无数女人，他们把征服女人，当做自己的使命。在他们的信仰当中，没有"执子之手，与子偕老"的实际行动，有的只是风花雪月的调情。

若要论道调情，他们绝对是一等一的高手，几乎90%以上的女子都逃脱不了他们糖块加诗歌的浪漫。

所以，面对这位"90后"小姑娘，我不由地感慨：还是算了吧！

他毕竟不是如诗经中所述："青青子衿，悠悠我心。纵我不住，子宁不嗣音？青青子衿，悠悠我思。纵我不往，子宁不来？挑兮达兮，在城阙兮。一日不见，如三月兮。"咱又何必呢？

面对这样在外面风花雪月、风流成性的男子，我再次劝女孩："放开他，你会更好。谈恋爱，好比打枪，不是一打一个准。"这是我亲爱的父亲曾经安慰我的语言。

我记得《柔软》中有一段被删减了的台词："不忠，感情的疑惑善变自相矛盾，心中所有的冲动不安，像世界一样古老，可人们还是一副大惊小怪，故作天真的伪善面孔。如果有人在合适的时间，合适的地点，遇到唯一合适的人，那不是因为他们的道德更完善，是因为他们更幸运。难道幸运的人就该耻笑不那么幸运的人吗？还是他们也都不幸，就要把这种不幸变成世界的法则？他们视我为异类，只是因为我不屑于掩饰我的轻蔑！"

我不知道《柔软》的编剧廖一梅曾经在自己的感情中经历了什么，这显然不是一个没有任何情感经历的女子所能体悟的道理。

我们在年轻的时候都曾幻想过自己未来的另一半。有人说，我是一个矫情的女子，好像世上男子皆不适合我。然而我实在遇到了“泡良男”，深知其中的伎俩。小的时候我们喜欢玩真情，长大了很多人崇尚玩“技术”，“真情”这个词怕是只有在字典里才能找到了。

那么，我们当真就得唉声叹气，或者心如死水？试想一下，一个女子若是对爱情都不抱有任何幻想了，你还指望她会觉得生活的意义是璀璨的吗？

我可爱的姑娘们，在我们成为“女人”的那一刻起，总会有那么一些不适合与我们相伴一生的人出现。

守好自己，不仅让自己成为一个星光四射的“花瓶”，更将自己努力打造成一个“古董花瓶”。

努力等待吧，重新给“枪”上膛。

阳光温暖，岁月静好，你的他，就在不远处！

死缠烂打

有时候，“痴情”被叫做“死缠烂打”。

温柔的小娜在一次偶遇中认识了东，他是一个很温柔，也很坦诚的男人。记得第一次约会时，他直言不讳地告诉小娜，几个月前他被前女友抛弃了。小娜问他是不是犯了什么错误？他很无奈地告诉小娜，她有了更好的归宿。小娜没有生气，觉得他的这份坦诚很难得。

接下去的日子里他对小娜体贴入微，完全是一个模范丈夫的姿态，小娜完全沉浸在了幸福的蜜罐当中。

然而没过多久，小娜和东在一起的事被东的前女友知道了，她频频找东哭诉，问他还爱不爱她，问小娜长什么样子。不可思议的是，她经常在大半夜突然给东打电话，问小娜有没有在边上，更可恶的是她经常什么问题都问，连小娜与东的个人隐私也不放过。

东每次都会如实地告诉她，也请求她不要再纠缠下去，然后她就对着电话哭闹。小娜想不通的是，为什么她都有男朋友了还这样。

小娜向来不是一个小心眼的女孩，然而她也绝对不允许自己爱的人还跟旧爱有任何关系，哪怕是清白的关系。

为此，小娜经常和东闹情绪，东则总是表现出一脸无辜的表情。

其实，这也怪不得他，那个女孩打电话来时，他从不回避小娜，也极力劝那女孩好好珍惜她的男朋友，可她就是一点都不自重。

东提议换电话，被小娜拒绝了。其实换不换都一样，大家都有彼此认识的人，想找谁都太容易了。

此后，只要是前女友打来的电话，东连听都不听，立刻放在小娜的耳边。而那女孩只要一听是小娜的声音就立刻挂掉手机，小娜打回去还没说第二个字就又被挂掉，跟老鼠追猫似的，把小娜气得全身发抖！

两年时间里，她在纠缠东的同时，也一直没有放弃她男友，但她男友压根就不知道这件事。小娜很苦恼，东更加苦恼。

小娜曾经想过如果他的前女友再纠缠不清就告诉她的男朋友。可转念一想又觉得不妥，小娜担心她会不会做出什么可怕的事情来。小娜一直在琢磨：假如我连她最后的幸福都剥夺了，她会不会报复我们？

面对这位网友的自述，我不禁想到了自己一年以前的事情。当时，我与一

个意大利男孩因为生活习惯不同而分手了。

分手之初我始终接受不了这个现实，死缠烂打了好几个月。“一哭二闹三上吊”，我曾经认为这样愚蠢的表现，这一生都不会在我的身上出现，但是我几乎无法控制自己。

是的，几乎所有的女孩都相似，当她们面对自己的旧爱时始终无法释怀，尤其是在男方提出分手的情况下。所以面对东的前女友的这种行为，我只能说正常，但我相信时间会慢慢改变这一切，虽然这个漫长的过程你需要忍受。

面对这些，你要做的就是努力做个精致的女人，包括那些分手的女孩也是如此。不管我们爱他，还是不爱他，都请给双方一点儿尊严，切莫将别人对你的好当做理所当然。

让时间平息一切吧！

多少恨？没有恨

时过境迁，随着时间的流逝，我们的心态往往会归于一种更加自然的状态。有人说：“男人就是女人的江湖。”连母亲也一直这样告诉我。我曾经一度狂热地追求自己的“江湖”，我希望尽自己最大的努力经营好自己的爱情。一生只爱一个人，是我一直以来的想法。当然，我亦觉得，能和一个喜欢的男子一起慢慢变老，那将是一件多么美好的事情。

那年，我 20 岁刚出头，爱上了一位已经 40 来岁的男人。他相貌平平，甚至有些丑。所有的人都在反对，所有的人都不知道他好在哪里。但是我知道，我知道他的艰辛、他的不易，包括他的孤独和他的冷淡。

那年，我还没毕业，不谙世事，爱情让我觉得自己突然变成了世界上最幸福的人，一切都显得那么美好。

我不知道他当时是什么心理，只是我们相爱了。不！确切地说，是我爱上了他，爱上了几乎大我两轮的他。我把父母给我的钱都花在了他的身上，从一开始我就没有后悔过。我觉得值得，起码在那个时候，我是这样想的。

我们的“柏拉图恋爱”长达两年之久。终于，有一天，我毕业了，我顺理成章地来到了他的城市。

自己身上只有几千块钱，租房、吃饭、买衣服……没等多长时间，钱就快花完了。可是我才刚刚开始工作，马上发工资显然是一件不可能的事儿。再向家里要，我觉得有几分难堪。

没办法，我向他张口了：“能不能借500块钱？”在我想来，这样的问题，应该只有一个答案，那就是他毫不犹豫地帮我渡过难关。然而，他开始变得冷漠：“给你，200元。”

我的身体骤然间开始冷了，冰凉、冰凉……从那个时刻起，我才第一次真正意识到金钱、房子等所谓现实的东西以及所谓的感情。

这是在打发叫花子吗？难道我们之间整整两年的感情就值这么一点儿小钱？难道你不知道我一直视金钱为粪土吗？

那天晚上，我难过得要死。有人说，金钱常常是衡量一个男人是否

真的爱你的试金石。可是我宁可不相信这样的试金石，我宁可这一切都没有发生。

这天之后，他再也没有来过我住的地方。我一直等他，我希望他能回来，我不知道这对于女人来说是一种什么样的情愫，我只是希望他就在我的身边。哪怕什么也不说，什么也不做。然而，他冷淡，依旧冷淡。

我还记得那天是在下雨，我拿走了所有东西，我要彻底搬离那个地方。搬家的艰辛，让我在雨中长时间哭泣。最终，我还是打通了他的电话，但听到的只是一句："这会儿忙，有事以后再说！"

屁话！我开始恨这个男人了。

你给我带来了多大伤害？你等着吧，几年之后，我一定会回来见你的，哥儿们，好好经营你那个破烂公司吧！

这样的情绪一直持续着，直到一年之后，我们在公交车上相见。我一下子就认出他来了，他老了，我第一次清楚地看到他如此苍老。

他显然没有认出我，可能年轻人的外表比较容易变化吧。

我还恨他吗？他还在追求他的梦想吗？也许吧。或许，当时我只是太过情绪化。

陌上花开缓缓归，那晚，我写了他，第一次，也是最后一次写一个既熟悉又陌生的男子——

"有一种男子他有一个名字，叫作风。

"风，没有方向。

"它喜欢自由，向往蓝天。

"他说：'这个社会原本是灰的，只是我们为它创造了美好的颜色！'他的语气淡然而悠闲，神情里似乎流露着返璞归真后的清澈，他是清泉？是高山？不，他是风！风的晶莹剔透，风的自由徜徉，风的纵横捭阖，风的来去突然，风的落寞孤寂，风的风生水起！这样的男子让人不禁着迷。

“风是随处飘扬的，也许某天就撞见了。没有晚一步，也没有早一步，相遇后淡淡地同时说出：‘啊，你在这呀！’默契的相投仿佛是因为前世今生的缘分，因为你我甘愿孤灯青影，因为你我甘愿卑如尘埃，因为你我甘愿负了天下！

“可是，风，还是风，风终归要走的！他们不会留恋女子的温柔，他们更不会在意所谓的权势财富！他们是自由的，注定要走的！女子终归要嫁人的，可是就是这一抹风足以让女子回味一辈子，惦念一生了！

“而这男子终究只是过客，留给人们的却是永远的记忆！风一样的男子，终归还是风！这，就是他。”

那天，西安的嘉天国际发生了突发性爆炸事故，死了一个人，是一个早上去上班的路人。人的生命其实真的很脆弱，我们又何必计较太多。

恋爱，显然是这个世界上最美好的一件事情，但是两个人在一起，显然不一定能永久。缘分尽了，也就尽了。

金钱算什么？在我已经不缺钱的今天，我笑了。

恨？何来之恨？我已经不爱你了，以后也跟你毫不相关！只当是路人！唯有曾经的经历，你知，我知……那篇写你的文章，对于我来说，算作一篇悼文吧。

别了，我曾经爱过的人；别了，我曾经青葱的岁月！

多少恨？没了……已经，没了。

或许，这样的心绪，只有岁月可以教会！

祝你，幸福。

“闪婚”错了吗

“闪婚”，早已经不是什么新鲜的词儿了，在当代，国内“闪婚”速度屡屡打破记录。

重庆的合川男孩阿勇和沙坪坝女孩小露公布了他们要结婚的消息。

喜结良缘，原本是一件好事，但他们身边的朋友们听闻后均非常震惊。因为他们决定结婚时，还从未见过面，只是通了五个小时的电话而已。

女孩小露今年 27 岁，作保险工作。男孩阿勇 28 岁，目前在重庆主城区自主创业。在朋友的介绍下，阿勇拨通了小露的电话，两情相悦，一拍即合，他俩决定“把婚结了”。

从通电话到见面，到拜见双方父母、选择新居、通知亲友，只用了短短四天时间，接下来就是去民政局领结婚证了。其用时之短、速度之快，超乎亲友们的想象。

现代社会，讲求的就是时间和速度，经济发展讲速度，就连恋爱婚姻也不例外了。从相识到结婚，时间跨度越来越短，短得叫人难以置信。

从网上可以搜索到：宋丹丹和赵先生相处 28 天就决定嫁给他；李湘和李厚霖从相识到订婚只有一个月零三天；长春市曾经有一对男女在打了七个小时电话后就决定结婚。但是阿勇和小露的这次结合，刷新了国内已知最快的“闪婚”记录。

面对如此迅速的“闪婚”，身边的诸多好友都不理解。为何这种风气越来越盛行呢？仔细想想，还是有这样或那样的原因吧。

我们的社会正处于转型期，人们的生活具有相对的独立性和自主性，思想较为前卫、开放，不再受到传统观念、客观条件和社会舆论等因素的制约和影响。

特别是很多年轻人，他们渴望一见钟情的浪漫，喜欢追求精神刺激，往往一时冲动就选择结婚。

社会竞争太过激烈，导致现在不少男女都不愿过多耽误自己的工作和精力，他们无暇顾及终身大事，于是选择“闪婚”这种比较实惠的方式，既节约了时间成本，又节约了恋爱成本。

当然，很大一部分人是迫于年龄和生存压力而选择“闪婚”。现在就业难，不少人抱有先成家后立业的想法，对于他们来说“闪婚”只是抓住“机遇”而已，一方面可以解决生计问题，另一方面可以为寻找工作创造条件。

然而，也有一些人是因为生活放纵，或看中了对方的经济实力急于求成而果断“闪婚”。

不可不提的是，结婚登记手续的简化，也给“闪婚”提供了很大的便利。

从某种意义上说，“闪婚”反映了现代人的婚姻观。但是，你可曾想过，“闪婚”的对象是要和你过一辈子的人！难道就因为家里的压迫咱就嫁了？还是说对方的一点儿蝇头小利让你觉得非迅速出手不可？是的，我们是把终身大事解决了，可是也把自己糊里糊涂地交给了一个不甚了解的男人。

有人反驳了：我们有共同的语言！

笑话，一个基本条件达标的业务员跟哪个人没有共同语言？不要一厢情愿地认为，你俩谈两句《诗经》，品一杯“铁观音”就是天作之合了。

“闪婚”固然存在，但是看看身边的实际例子，我还是建议大家尽量少走这条路，毕竟这样的赌博太过冒险。

“闪婚”没有错，但是“闪”，得“闪”得有点道理！

等待“食草男”

纵然每个社会都有其特定的潮流，但是总有一些女生在等待一种男生。

时下，网络上流传一个名词——“食草男”。“食草男”是相对于“食肉男”而言的。顾名思义，“食草男”，指的是本性就好像草食动物的男人。这类男人在婚恋关系中注重的是心灵上的沟通，并在性爱中处于被动地位。

“食草男”不像“食肉男”那样赋有浪漫的气息、火热的激情和疯狂的攻击力。时下“80后”、“90后”的男生中出现的“食草男”不在少数。

然而，年轻女孩渴望爱情，喜欢爱情带来的浪漫和激情。她们大多认为，爱情需要浪漫、热情和激情，更需要男人的大胆表白。但是，在“食草男”的爱情字典中，很难找到“主动出击”这个词，他们不会给女孩子带来浪漫的惊喜，也不会做出“非分之举”。

即使女孩耍着性子问“食草男”你爱我吗，他也不会看着女孩的眼睛回答，而是继续表现出漫不经心的样子，甚至还表现得没有主见，明明是一头鹿，女孩说是马，他也不会争辩。明明双方早已是一对情侣，他也不公开承认彼此的关系。

于是，很多女孩对这样的“食草男”没什么好感，她们认为这种没有激情的婚恋关系往往很快就冰消瓦解了，她们默默地渴望和等待着“食肉男”的出现。现在“剩女”之所以越来越多，除了有女孩自身的原因外，也与日渐壮大的“食草男”群体有很大的关系。

“食草男”的出现，可能缘于他们的生活环境和教育环境。尤其是当今就业和生活带来的经济压力，让他们对爱情产生了焦虑。他们因为没有能力而不愿承担过多责任，同时也不想让自己受到太多的伤害。他们喜欢自然而然地发展感情；但也有的男人对婚恋不敏感，是因为想在事业小成的时候再谈婚姻；也有的是被多次恋爱挫折磨灭了心中的欲望；还有的则是因为个人的性格问题，不主动追求女孩，也不拒绝女孩追求，有意与女孩保持着暧昧的关系，实际上，他们才是收放自如的恋爱高手。

其实，大部分“食草男”本质是好的。温文尔雅，彬彬有礼，不过分张扬，举止谈吐也很有分寸。他们也同“食肉男”一样期待爱情，相信爱情。他们懂得如何维护自己的良好形象和良好的人际关系，懂得什么叫爱情，懂得爱家人，懂得珍惜生活。

应该说“食草男”比“食肉男”心态更成熟，对感情也更理智。他们不像“食肉男”那样以“我”为中心，不会对女孩海誓山盟、甜言蜜语，也不会对女孩野蛮粗暴、不计后果。

虽然“食草男”表面上平平淡淡，不喜欢浪漫，但女孩与他们在一起，就好比与自己的兄弟在一起，受到伤害的几率很小，没有任何压力，容易感到放心、踏实，对未来的婚姻充满憧憬和希望。

嫁人就嫁“食草男”。

因为任何浪漫的爱情，最终都会走向平淡。如果心中有爱，不妨给“食草男”一把“草”。

虽然“食草男”不主动，不浪漫，但作为女孩，你也可以主动地追求，可以大胆地制造浪漫，展现出你对生命的激情，唤醒他原始的冲动，让他陶醉在你的无限风情里。多一点耐心，我相信“食草男”也会改变，让你的生活变得有滋有味，更加精彩。

当然，每个人都有个性，有个性才会有魅力。“食草男”也好，“食肉男”也罢，他们既有共同的特点，也有不同的特征，既有自身的优点，也有各自的不足。

假如你是一个刚强的女孩，找了一个“食草男”，你们的性格无疑会得到互补，爱情也容易更甜蜜、更长久。假如你是一个柔弱的女子，那么则要根据自己的实际情况来做决定。

不过，女孩一定要擦亮眼睛，千万不要被伪装的“食草男”所蒙蔽！

女孩子，千万要有耐心，为了自己追求的幸福。

今生已不再寻觅

北京的车站门口好像是总有提不完的行李，送不完的人流。

在车水马龙的喧闹声中，不经意看到一位女子，上下打量竟是这般扎眼：她带有一种静态的美，看上去像林子里一只受了老鹰惊吓的麻雀，羽毛有些散落，眼神有些惶恐。这是一位什么样子的女子？生活给了她如何的经历？她那种有着距离感的安静带有一种端庄。

她是罗锦。

罗锦高挑的个子，梳着略显古典的中西合璧的发髻，身着久违的素蓝色带小花的现代款式的旗袍，举手投足之间流露着营养不良般的病态美，加之她穿了一双与灰姑娘成为公主后所穿的水晶玻璃高跟鞋一样的鞋子，使得她在人群当中不免有着火一般刺人的张扬。她像是一道黑暗中直射人心的光芒，任凭谁也逃不走，躲不掉她的光彩。

罗锦曾在自己的古典文学课上给学生介绍古代文人的美丽与哀愁。她的学生雪辰，一位10来岁的小女孩，安静得像是湖泊里的一面冰做的镜子，曾问她："老师，为什么你总是喜欢用一个词儿——'荒凉'？"一时之间，罗锦竟有些失声，泪水从冰凉的心底直直窜到泪腺。然而在学生面前她还是止住了眼泪，用着沙哑的声音淡淡地作答："这个词儿呀，呵呵，生活中总是有很多幸运者与不幸者，假若你很幸运，那么这个词离你比较遥远；如若你不幸，那么你会懂得它的含义。"

这天是2011年7月23日。罗锦坐上了一辆北京开往温州的动车。此时，动车就要开了，罗锦坐在列车的最前排，拿着刚买的肯德基，透着窗看风景。

罗锦背着一个白色帆布的包，去了趟洗手间。她将自己大体收拾了一下：补了面霜，戴起那条他给的铜色项链。罗锦摸着自己胸前的铜色项链，细细抚去，心中涌出一个声音：你，还好吗？

慕容山，一位年过35岁的中年男子，个头不是很高，光头，有着《非诚勿扰》里孟非式的睿智，戴着一副浅浅的无边框的白色近视镜。也许是生活给了他太多苍凉，别人始终难见他一笑。慕容山也坐这趟列车，只是坐在了后排。他拿起一张报纸看了起来，一个标题吸引了他：《国内知名女作家罗锦嫁给千万"富二代"傻子——金木》。慕容山的嘴角开始有些抽动，整个身体像是过电般一样麻：她，她……我以为她会过得很好，我以为……我以为……慕容山竟然开始抽泣：难道是我错了吗？难道是我错了吗？罗锦！难道是我害了你……

车厢里传出很多笑语，慕容山的心却垂到了地底。他向洗手间的方向走去，隐隐约约一张素净的面颊停住了他的脚步，他不由地叫到："罗锦？"

耳旁透过一道熟悉而陌生的音色，刹那间罗锦的眼泪不禁掉了下来："是你呀？"

车厢里静悄悄的，罗锦心潮起伏，面容却平静如水。慕容山读得懂罗锦的表情，他心痛到了骨髓，自己的心好像也在流血。

"你过得还好吗？"十几分钟过后，慕容山终于开口了。

"好呀，你呢？"罗锦的心里静悄悄地流满了泪液。

"也好。"

简短的对话，谁说能承载得住这三年的离伤？

动车依旧在行驶当中，外面阳光明媚，有花有草，有房子有人们。罗锦的脑袋陷入一片空白，慕容山心碎到了极致。罗锦依旧吃着肯德基，仿佛怎么也吃不完；慕容山依然看着报纸，好像怎么也读不透报上的事情。

天逐渐黑了下来，温州就快到了。忽然，天旋地转，所有的东西都开始零落飞扬，车里人仰马翻……慕容山感觉不妙。"锦儿！锦儿！"慕容山嘶吼着自己不太大的嗓门，"锦儿！锦儿！""你见过我的锦儿没有？你见过我的锦儿没有？"慕容山撕扯着一位男人的领子："你见过我的锦儿没有？你见过我的锦儿没有？"

一瞬间，仿佛又在经历四川那次巨大的生死逃亡，罗锦再也按捺不住了，整个车厢刹那间出现一片慌乱："山，山，我再也不要离开你了！"

罗锦边哭边在一片杂乱中寻找着慕容山。“山，山，你在吗？”

从车尾到车头如此艰难，仿佛承载了上千年，慕容山终于抱住了罗锦，可是“轰”的一声，车厢狠狠地甩向了桥下，嘈杂的声音在漆黑的旷野中显得无比微弱。

慕容山的半条腿已经被车厢压了个粉碎，他带着血肉模糊的脸颊在黑暗中依旧叫着：“锦儿，锦儿！”

罗锦始终拽着慕容山的右手，车厢压住了罗锦的心脏，在黑暗中，罗锦笑了，哪怕微小到了极致：“怎么来得这么迟？”

慕容山用尽所有力气从车门中抽出自己的左手，战战兢兢地从上到下抚摸着罗锦：“锦儿，都是我错了！”

罗锦只剩最微弱的呼吸：“我已经知足了，在你怀里。”

“我还要用一生一世爱你呢。”慕容山已经泣不成声。旁边的嘶喊声，嘈杂声，全然已经成为衬托这对有情人再次重逢的背景。

慕容山脱去自己的衣服，紧紧地裹住了已经奄奄一息的罗锦。刹那之间，仿佛一切的声音已经不足以表达他心中的悲凉。

“山，我走了，我走之后，你去西安‘阳光’孤儿院，那里有咱们两岁的孩子，叫……叫……”罗锦用最后的力气挣扎着，嘴角已经吐出一滩血。夏天的凉风从空中轻轻掠过，罗锦的伤口开始出现抽丝般的疼痛。“带着……带着……咱们的儿子……儿子……罗……念……山……”罗锦已经在用着最后一点点力气。

慕容山用尽自己的全部力气抱着罗锦，紧紧地抱着：“我还要和你度过余生呢……”

罗锦慢慢停止了呼吸，她带着微笑，仿佛已经释然，谁说这不是最好的归宿？

温州的星星，温州的月亮，迎接到了世界上最美的相会。

慕容山用脸颊紧紧贴着罗锦的面庞："锦儿，我们回家！我们回家，我还答应过给你建五星级的养老院呢，我住一楼看门，你住三楼，其他的咱赚钱……你还答应过我……"

残破的列车，夏风里的花花草草，凌乱的声音，响彻天际的呐喊。

罗锦笑了，微微一笑：我们赤脚奔跑，美丽的原野上数不清花朵绽放，风在耳边吟唱，月儿在林梢，我们都还年少，岁月的脚步啊静悄悄，追逐着我们，不停地奔跑，我们跌倒在绽放着红棘花的原野上……

有你！今生已不再，寻觅。

绸缪束薪，三星在天。今夕何夕，见此良人。子兮子兮，如此良人何！

绸缪束刍，三星在隅。今夕何夕，见此邂逅。子兮子兮，如此邂逅何！

绸缪束楚，三星在户。今夕何夕，见此粲者。子兮子兮，如此粲者何！

其实罗锦，亦是虚拟的我。

有时候，死何尝不是一种永恒呢？

真爱，有时可以放手

所谓的“真爱”往往让我们无法割舍。自古以来多少有关“真爱”的故事，正在被人凄婉地诉说。而今，我还是在朋友那里听到了蕾蕾最近的故事。

蕾蕾和英杰相识于网络，大四的时候，蕾蕾跟家里人说了他们的事，家人的反对超乎蕾蕾的意料，蕾蕾在亲情和爱情的夹缝中寸步难移。

英杰独自来到蕾蕾的城市找了份工作，但蕾蕾却被家人控制着，每星期只能偷见他一次。后来，在蕾蕾的一再坚持下，父母总算同意他们交往，但同时提出让英杰考公务员或者买房子。可是英杰考了两次公务员都没能考上。

买房子要一次性拿出一百多万，英杰家里没那么多钱。达不到这些条件，就意味着他们不可能生活在一起。

不久前英杰回家过年去了，蕾蕾要他好好考虑一下以后的事情。结果他说他心很累，蕾蕾家人提出的条件他根本做不到，他想放弃了。更何况英杰家里就他一个儿子，他不能丢下父母，继续留在这里也没有多大意义。

英杰说长痛不如短痛，他提出了分手，可蕾蕾真的舍不得离开他。蕾蕾不知道该怎么办，她知道英杰也很无奈，她真的不想失去他，但又不能背离她的家人。

其实，作为旁观者的我们肯定知道：每个父母都希望自己的女儿能够永远陪伴在自己身边，就算将来嫁人也要嫁到本地以方便来往。他们将女儿辛辛苦苦培养成才，不希望她到头来选择了一个外地人，嫁到外地去离自己很远。就蕾蕾的父母来说，他们对女儿的男友也有偏见，对方的生活条件和工作不能令他们满意。担心女儿不能过上好的生活，这正是他们让英杰报考公务员的原因之一。

蕾蕾原以为爱情和亲情是可以兼容的。父母的疼爱让她的生活充满希望，她认为只要是她喜欢的，她的家人一定会接受。遗憾的是她根本不能体谅到为人父母的真正心情。可能从小所受家庭教育的关系，在面对这样艰难的选择时，她感到惊慌和矛盾，谁也不想放弃，谁也不想失去。

而男友英杰是个重感情的男生。他为了爱情告别家人，跨越距离来到蕾蕾的城市，并且找到一份工作，只为了能够离她更近，能够看到她、照顾她，同时也是希望有一天她的家人能够接受他的真诚之心。在网恋中，这样的男生真的不多见，蕾蕾无疑是幸运的！

两个人坚定的爱情虽然让蕾蕾的父母做出了让步，但让步的条件也是相当苛刻的，摆明了就是给英杰出难题，给他一个下马威，让他知难而退。这样的话，女儿就不会埋怨他们，他们也有充分的理由说是英杰自己没有能力才造成了分手。由此可见，这对家长为了女儿的事花了不少心思。

不被看好的爱情是可悲的，也不会受到祝福，只有意想不到的考验。考公务员失败和没能力买房子，让英杰对这段爱情渐渐失去信心，也觉得两个从网络中相识的恋人实在欠缺理智。想到他自己的父母，想到即使他们能够在一起，她也不可能生活在他的城市时，他只能无奈提出分手，并狠心地与蕾蕾划清界线。

这是一个老生常谈的故事，在我们讨论这个故事的同时，不知道又有多少对两情相悦的情侣，因为受到亲情的阻挠而被硬生生地拆散。可见，两全其美并非那么容易。

我们不否认父母是出于保护和关心的心理对子女的感情加以干涉，但这种干涉是自私的。他们没有考虑到两个真心相爱的年轻人从此天各一方的痛苦，他们忽略了子女为了保全亲情而放弃爱情的痛苦，他们不知这样做的后果是深深地伤害了自己的孩子，从而影响了家庭关系。

真的希望家长能够替子女的幸福想一想，尊重他们的选择，倾听他们做出选择的理由。子女终归是要长大的，翅膀硬了总是向往蓝天的，做为父母不能永远将他们捆绑在身边，小心翼翼地护着。只有让他们去经历了，才能够让他们真正的长大，并懂得做父母的心情。不然，留在他们心中的遗憾也将变成父母的遗憾。

如果英杰还想挽救这段感情，蕾蕾就必须要先说服自己的家人，冷静地沟通，将她认为值得和他交往的理由讲给父母听。当然，也要认真听取父母的意见和建议，听听他们是怎么想的。通情达理的父母，子女不愿看到自己的孩子痛苦的。如果遇上固执己见的父母，子女能做的就是放下爱情，或者不顾一切地放下亲情。

当然，如果选择放下亲情就得为自己所做的选择无怨无悔到底，但谁也不能保证自己的决定就是正确的。另外，假如对方已经感到疲惫，不想再做任何补救措施，并且彻底地放弃了你。你就不要再做无谓的努力了。一个人的坚持是遥遥无期，也是残忍的。

这就是现实，不得不选择，不得不放弃你所坚持的某一样东西，伤害也在所难免。

所谓的“真爱”，有时候在强大的现实面前总会不自觉地低头，要么是因为亲情，要么是因为其他。

我们总会有撕扯心扉的痛，直叫人茶不思饭不想。世间最多的就是捉弄人的现实。

不如，看开。占有，并不见得多美！在万不得已的时候，其实“真爱”可以放下。再过几年回头望望，这未尝不是一种美好的回忆。

谜一样的男子，只可远观

当我写下这些文字的时候，已经流不出眼泪了。我不会想起任何人，包括你……

已经到了7月份。外面的风景很美，很美。只是天气开始变得“桑拿”了。记得当年我是九月离开你的，在北京。香山的叶子，好像又快红了。还记得吗？那次出院以后，你给我讲了一个好长好长的故事：

那是在20世纪70年代的东北长春，一个小山村里，贫瘠、荒凉、寒冷，人们大多过着食不果腹的生活，一个男孩出生了。

他，并不知道中国已经进行了十年的内乱即将结束，他并不知道，改革开放的春风已经快要叩响家门。

他的出生，并没有给这原本贫穷的农民家庭带来任何喜悦。

一位30来岁，有着倔强性格的东北男子，生活压迫得他像是50岁的人？他抽着旱烟，在火炉旁边：“孩儿他娘，又是个小子，出来才3斤多，怕是养不活了。”

“你说怎么办呢？总归是咱的亲生骨肉。”那妇女围得严严实实，生怕月子里落个什么病。

现在，我在你家里。你，是一位商人。

房子里充满了慵懒的、浓郁的书卷气息。我喜欢这样的感觉，一切都那么从容。柳木的桌子上摆着一束蔫了的百合，我凑近鼻子闻了闻，有着故事的芳香。

“你不浇点儿水？”我紧张地举起那仿青花瓷的瓶子，战战兢兢，害怕冒犯你，可还是不由自主地发问。

“有些花摘下来，过去就过去了，浇水，它也会有离去的一天。”你的个子不高，我看见了你黄色的瞳孔下的千疮百孔。

我已经意识到自己错了，我不该提起你的那些事情。房子里的空气密密实实，让人窒息。我张大嘴巴，机械式地呼与吸。房子里唯一透进来的光，暗了又明，明了又暗，隐隐约约。所有的家居摆设，让我看到了几十年前老北京的胡同大院，这儿熟悉，又那么陌生。

我看着那蔫了的百合，已经猜出这其中大概有道不尽的故事吧。算了，我也不想猜了。

“锦儿。”你有着洪水猛兽般的力气，将我狠狠地抓住。我感觉到了疼，那是心疼！

“锦儿，我怎么就撞上了你？”你的眼神里露出了没落、无奈与希望。而我的心像是飞机盘旋在空中，转了几个圈，却怎么也停不下来。

忐忑！忐忑！

100平米的空旷的房间，我们像是两只互相取暖的刺猬。

我将眼睛紧紧地闭上了，感觉轻飘飘，像是乘着厚厚的《战国策》飞往那浩淼的年代，你的身体离我越来越近了，越来越近了，我开始有些惶恐，有些不安。突然，我睁大眼睛，将你推了出去，虽然力气那么微不足道。

你像是一只老虎，我始料未及！

像是徐志摩那首诗里的描述："融进你柔波似的心胸，消融，消融！"

在这一刻，我哭了，也笑了。我决定，从此，跟你到海角天涯！你慕容山去哪儿，我就在哪儿！

你睡着了，那束百合却成了我心中的谜团。

你的故事，才刚刚开始。可是，一切还未来得及开始。却注定要结束。你走了，去了德国。

哪一个女子都留不住你，包括我。

谜一样的男子，如若没有让自己坚强的能力，一般女子，最好不要碰。

金钱，让胆子更壮

少年的时候，我一直觉得金钱是个恶心的东西。金钱让人扭曲了自己的灵魂，金钱让兄弟相残，金钱让朋友反目，金钱让人与人之间只留下赤裸裸的利益关系。我讨厌这样的物品，讨厌这个叫“金钱”的物品。

这个观点，在我的思维里一直延续到我大学毕业。

我一直觉得自己是有着琴棋书画才情的美好女子，我应当过的是风花雪月中缠绵的日子。然而，就在我毕业后不久，以前的一些思维或者想法有了天翻地覆的变化。

我跟他，山，在大学的时候就恋爱了。初见的美好，总是令无数少女彻夜难眠。我也是。这样。从此我们开始了长达两年的异地恋。

那时候我在北京上学，他在西安办自己的公司，我们其乐融融，过着好像神仙眷侣般的生活。

我每天都期盼时间快点过去，可为什么日子好像总是在某段时间里停滞不前？在那段时间里，我觉得我们过着世外桃源般的生活。瞧瞧陶渊明写得多好："土地平旷，屋舍俨然，有良田美池桑竹之属。阡陌交通，鸡犬相闻。其中往来种作，男女衣着，悉如外人。黄发垂髫，并怡然自乐。"完全一副平静安逸之景象。

我向往着未来的美好，在学校里，一个人的日子竟到了"魂不守舍"的地步。我想让时间快速转几个圈，就这样日复一日，我终于等到了大四毕业。我终于可以和心爱的他长相厮守了。

怀着希望，我只身来到了西安，打算"投奔"我家公子。然而，他一直住在厂子里，我们怎么样才能在一起呢？那肯定是在外面租房了。

他掏钱吗？我从他那里要合适吗？他会不会觉得我世故了呢？他会不会觉得我俗气了呢？我在他身上留存的美好印象会不会从此之后烟消云散了呢？

进行了长时间的思想斗争后，我还是决定把自己在大学里攒下的4000块钱拿来"贴补家用"。就这样，我租下了厂子附近的一间10来平米的小房子。

经过我的一番收拾后，我们住了下来，但是我们没有铺盖，只有一块小凉席。我从小到大都没有住过这样的房子，但为了他我笑脸盈盈，没有一句怨言。我们就这样在这里度过了第一个夜晚。

他缩着身子说："咱们是半坡的两只猴子。"我笑了，但没说话。

"我们会一直这样下去吗？"我天真地问道。

"傻瓜，你说呢？"

那几天，刚到西安的我还没有上班，每天晚上就等着他的归来。哪怕日子再艰苦，我觉得只要有他，一切都是那么美好。

世外桃源，有时候也许只在心中。终于有一天晚上，这是他给我打来电话："以后我就不来了。"

我是一个非常敏感的女生，我微微笑了笑，这种尴尬，让我觉得无所适从。"那你忙完以后还会来吗？"我在摇尾乞怜，这是我从来没有过的状态。

"再说吧。"

面对他轻飘飘的一句，我笑了一下："你走吧。"

那晚月色正浓，我却痛哭流涕。

之后，我便搬走了。但是，那里的房子我始终没退，我在等他，跟其他女生一样，不到黄河心不死。

我在别的地方又租了一间民房，开始上班了。我每天期盼着他能回到那个家，给我打个电话，然而始终是"君问归期未有期"。

难道我们就这样结束了吗？我不甘心，我想他不是这样的人。

那晚，我所有的家当全被抢走了，笔记本被抢走了，身上所有的零钱也被抢光了。我懵了，不知道该找谁帮忙。找父母，确实觉得颜面无存。找朋友，也不好意思。我还是情不自禁地想到了他，山。

我战战兢兢地把我的遭遇告诉了他，他用一句轻描淡写的话回我："正常。"

我在他面前总是那么卑微，为了眼下的生计，我开了口："借我两千块钱吧。"我从来没有因为我鄙视的"金钱"向任何人开过口。

向他开口，是因为我有九成的把握，他会借给我的。

"给你两百元吧。"他的声音阴冷而决绝。

我挂断了电话，眼前已经模糊：我苦心经营了三年的感情，难道就值两百元吗？

我疼痛了近乎四个月，终于明白在赤裸裸的金钱面前，人们都会妥协。感情算什么？一时之间的荷尔蒙反应而已！仅此而已！

从那以后，我开始努力赚钱，工作、做生意、写书，很快，一年之后我成了中产阶级，比他优秀的男人们开始在我面前"晃来晃去"。面对这些我总是笑一笑："金钱有它不可替代的作用！"

我的胆子壮起来，是因为金钱给了我更多的安全感。

现实和爱情的冲突是个古老的话题，这个问题谁也回避不了。爱情只能满足人的精神需求，而物质上的最基本的保障是每个都必需的。钱真的很重要，虽然它不是万能的，但是在这个社会生活的人都离不开它。

因为有太多的东西需要它来做基础。现在青菜、猪肉又涨价了，买件衣服要攒几个月的钱，很多穷人还居无定所，这个世界本来就是这样的残酷。

简而言之，女人只是希望有安全感，真的不能怪我们女人这么现实，几千年的习俗和身体差异，注定我们女人是弱势群体。

女人就应该现实一点，就算不为自己和父母着想，也应该为自己孩子的成长和未来着想，自己苦点无所谓，不能让自己的孩子因为自己的爱情而牺牲。

不管未婚，还是已婚，一个跟你没有任何血缘的男人，说走只是一句话的事情。所以我们只有掌握经济命脉，才会让男人为了生计收敛一些。

这倒不是我们真的想把男人奴役于金钱之下，只是，男人往往比女人更加现实。柴米油盐常常比风花雪月更加考验感情！

向金钱靠拢，不是我们的错，只是为了让自己更加温暖一点儿。

眼中的他，并非最好

“这辈子非他不嫁”，“他是我遇到的最好的”。常常听到许多年轻女孩这样的宣言，刺激了我谈一谈“他”的欲望。

他真的有那么好吗？岁月是个很好的试金石。

我们往往要学会保护自己，做个爱情的“势利眼”。这里说的“势利眼”不是教人去拜金，去傍大款，而是教会女人要擦亮双眼，懂得识别男人。

选择男人的眼光，决定了感情的成败。眼光，是集合了天赋、经验、智慧等的综合能力。

女人年龄越大，越不敢把时间用来谈一场“坑爹”的恋爱。到了一定的年龄，再被“坑”一次，那就是“伤筋动骨”，甚至“小命难保”。这意味着，恋爱的成本会更高，不管是从时间、精力、身心健康来看，女人都输不起了。所以，女人总是越长大越世故，越长大越谨慎，宁愿单身也不愿被“坑”。

女必须懂得什么样的男人是不能靠近的危险品，这会使你免受伤害，防止浪费青春。

于千万人之中遇见你所要遇见的人，没有早一步，也没有晚一步，刚巧赶上了，没有别的话可说，惟有轻轻地问一声：噢，你也在这里？

这是张爱玲在《爱》中对爱情的诠释。其实，细细想来，这也是她自己爱情的写照。

张爱玲是自私的，她并非像人们以为的那样爱着胡兰成，只不过她是个矜持清高的女子，偏偏爱的燃点又过高了，所以在她需要绽放的时候，没有早一步，也没有晚一步，她刚巧赶上了他——胡兰成。

要说这个胡兰成真是极讨女人喜欢的男子。有权势，长得不赖，懂点小情小调，会吟个诗作个对什么的，最关键是脸皮够厚，纵然你张爱玲是块冰，他也有足够的耐心把你融化了。

“爱玲，这世上懂得你的只有我，懂得我的也只有你。”这样的言语，虽是浅显，却能满足她内心所有的高傲自恋。

聪明的女人容易爱上比自己更聪明的男人。一个女人聪明到张爱玲这样的地步真是不幸，更何况她又遇到了一个和她旗鼓相当的男人。

两人不免要“搏斗”一番。几次短兵相接之后，对于风月场上的老手胡兰成来说，张爱玲这种只会纸上谈兵，实际没有一次恋爱经历的女人，不消几日便能看得一清二楚。征服一个高傲冷清的女子是一场艰巨的战斗，他却玩转得十分美妙，一方面努力标榜自己是这个世界上最懂她的男人；另一方面又若即若离像个始终猜不透的谜。

一个谜样的男人，对女人是很致命的。即使聪明如张爱玲，也不能免俗。

于是，正如成龙大哥犯了所有男人都会犯的错误一样，张爱玲在这场情里也犯了一个所有女人都会犯的错误，那就是太自以为是。

纵然她写过很多充满势利的俗世婚恋，纵然她能说出“红玫瑰早晚会变成墙上的蚊子血，白玫瑰终究会变成衣服上一个干枯的饭粒。”这样的醒世名言，却还是度人容易度己难。

如同很多热恋中智商为零的女子一样，她傻傻地把自己排除在不幸之外，认为上帝肯定能眷顾自己，安派了一个海枯石烂的经典恋爱给她。胡兰成有过很多女人，她是知道的。胡兰成现在还有妻室，她也知道。但她过于自信，只认为她们都是过客，自己才是最后常驻的那一个。她恰恰忽略了这样一个简单的事实：浪子永远是浪子，别指望他会有回头变良人的一天。

胡兰成遇到张爱玲的时候，已是“已婚”状态，他的第二任妻子是个教师。不仅如此，她还有第三个女人英娣在身边，算是他的姨太太，一如今日之“二奶”。

然而，那时的张爱玲正处在“新人笑”的状态，哪里能体会“旧人哭”的滋味？胡兰成纵然有一千一万个不情愿，但为了能得到张爱玲，还是忍痛选择了登报离婚。

那一年，胡兰成 38 岁，张爱玲 23 岁。他们只叹人生苦短，便在仓促中结婚。没有仪式，只有婚书为定：

她说，胡兰成张爱玲签订终身，结为夫妇。

他说，愿使岁月静好，现世安稳。

乱世动荡，男子不足依托，女子飘零无靠，这是悲凉的事实。如何静好？怎么安稳？痴人之梦，往往做得比常情还要美妙，可能有几分是真的？

现实就是，所有的“新欢”都终将会成为“旧爱”。张爱玲在胡兰成的一系列“美人图谱”里，不过就是众多书页中的一页，固然很别致，但也并不足以令他放弃整片森林。不久，胡兰成便与汉阳医院一个 17 岁的护士周训德如胶似漆，又举行了一次婚礼，全然忘了张爱玲的存在。胡兰成的婚外情恋，致使张爱玲千里寻夫，伤心欲绝。

生性风流凉薄的他，终究还是将至情至性的她从里到外伤了个透。她要的是今生今世与之燕好，他要的是红旗不倒彩旗飘飘。两种人生观的对立。一个不妥协，一个不悔改。

因为相知，所以懂得。这是他的言。

因为懂得，所以慈悲。这是她的语。

只可惜，他没有懂得她的矢志不渝，她更没有懂得他的贪恋红尘。爱人的誓言，都是写在水上的。现在回过头去看，真是莫大的讽刺。

世事大抵如此。爱是经不起爱的，爱到寡淡倦怠，爱到穷形尽相，爱到了无生趣，爱到无爱可爱，这便是张胡之间的情爱写真，也是无数痴男怨女的爱情终结版。

这一点，张爱玲自己也了然于心。她在《半生缘》中伤感地写道：一个爱情如果能有一个美好的结局，那就不称做爱情了！

张爱玲爱错了人，这是不争的事实。可偏偏这个风流成性见异思迁的白眼狼，不但不思悔改，还频频出来折腾犯贱，摆出一副情深意浓此情可待的衰样，大秀恩爱史，招摇过市。

一个男人的劣根性，一旦暴露或者被女人识破，往后无论如何补救，都无济于事。此举，无疑遭到了众多女人的鄙视和唾弃。

阎红说："胡兰成其实就是个人渣！"

亦舒写《胡兰成的下作》，真是动了气，甚至骂出了"老而不死是为贱，使人欲呕"这样的话来。

如此看来，胡兰成有了点文名，全是沾了张爱玲的光。

我原先也认为胡兰成配不上张爱玲，待看到《今生今世》的第一句"桃花难画，因要画得它静"，才知这胡兰成决非等闲之辈。张爱玲爱上他，许是有道理的。

要知道一个聪明浪漫之人，一旦有才，定然多情。徐志摩就是一个铁打的例证。好在林徽因火眼金睛，知道爱情和婚姻是两码事，自古风流出文人，要想有个安稳的岁月，此种男人必定不是明智之选。

至于胡兰成到底是不是个"人渣"，我倒是有不同的意见。

男人滥情，往往是出于本能。在一段情里，女人一旦爱了就会把自己的身和心都交给男人，仿佛男人就是她们的整个世界。而她们最终得到的却只能是男人的一颗"候鸟的心"，每个男人都在边走边爱，每个男人都希望自己的身边能够人山人海。

也许，张爱玲的那句名言还是说得不够精准。

男人心里想要的其实远不止两朵玫瑰，如果条件允许，他们更想要的是牡丹、百合、月季、海棠轮番上阵，姹紫嫣红，满园春色，尝尽人间美事。

有句话说得非常好："所谓忠诚，是因为背叛的筹码太低。"那些看似忠诚的男人，不过是一些平庸的无能之辈，家庭状况已经使他们捉襟见肘，他们根本没有经济和能力去背叛。古人云："田舍翁多收三斗米也想易妻。"一个农民多收了三斗米都想换妻子，何况是现今社会中，那些衣冠楚楚的男人们呢？

徐志摩为了新欢，抛妻弃子，美其名曰是为了追求爱情。好吧，假使他说的都是真的，那他怎么不为林徽因守节终身？这厮一边哭哭啼啼地写诗诉说柔肠，一边与陆小曼打得火热。

爱情是有的，天长地久是没有的。喜新厌旧是人之常情，自古男儿多薄幸，这是所有男人的劣根性。像顺治和周恩来那样的痴情种子，实乃百年不遇的奇迹。是个人都知道，奇迹发生在自己身上的概率有多少。聪明如李碧华所言："大概是一千万人之中，才有一双梁祝，才可以化蝶。其他的只化为蛾、蟑螂、蚊蚋、苍蝇、金龟子……就是化不成蝶。"

想来，那胡兰成不过就是一个普通的俗世男人，易受诱惑，是张爱玲高估了他，更高估了自己。

去指责一个本性如此的男人，无异于是在给自己脸上抹黑。胡兰成是个人渣，张爱玲就是那个爱上人渣的女人。如此说来，最终受辱的其实是张爱玲的智慧。

胡兰成一生风流债无数，但从未说过自己遇着的女子有什么不好，亦从来不隐瞒。玉凤，爱玲，训德，秀美，一枝，爱珍，言头笔下都是爱。在他眼中都各有仙姿，都是珍重的。

想当初，他为了张爱玲与妻子离婚，并不似徐志摩般心狠手辣，竟当着张爱玲的面流下泪来。想来还是旧情未断，触动了心底伤痛。

更有一次，他在路上遇到了轰炸，人群一片慌乱，他跪倒在铁轨上，以为自己快要炸死了，绝望中，他只喊出两个字：爱玲！

谁说一个人不会同时爱上几个人呢？所以，胡兰成背叛了张爱玲不假，但情未必不真。在那个时代，三妻四妾实属正常，只可惜他爱上的是一个“不正常”的女人。

张爱玲的最大缺点就是太过犀利，太过尖锐，太过了然于心，往往不给自己留以想象的余地，就这么义无反顾，断然绝然。

女子遭遇突如其来的情变，自怨自怜、拖泥带水的多，手起刀落、挥剑斩情丝的少。从卓文君到张爱玲，女子应该有这般烈性！女性的美有很多种，决绝这一种为世所稀。

女人应该有一颗聪慧的心，懂得识别好男人还是坏男人，将坏男人从生命中剔除掉，也要懂得把记忆中那些多余的枝蔓剪掉。

女人要修炼内功，让自己眼力更佳，学会远离是非远离小人。

眼中的他，在别人看来往往不堪。放下，未尝不是一种幸福。

给自己最得体的装扮

身为女子，在今天看来，出嫁显然已经不是一件非常容易的事情了。因为我们会读诗书，因为我们会做生意，因为我们懂科技。男人们有的歌舞升平，女子今天也有了。自从妇女得到解放之后，女子个个面貌一新。

然而，在改革的大潮中，难免有一些遗留的思想。我记得一位长者给我发的信息里面有这么两句话："烟花巷柳没了，可是桑拿足浴存在；妃嫔妻妾没了，可是情人二奶还在。"

当然我不是想笑话这位长者的龌龊，也不是想说明他老则老矣，还有这等下流思想。其实，这正反映了无论是当今的男人还是女人，都始终脱离不了旧风气的思想管制。

更有甚者，我的一位上海朋友，年纪轻轻，也就27岁，已经泡妞成百个。我曾调侃式地问他，你记得住她们的长相和名字吗？

他倒是直言不讳，说只是偶尔记得其中有些女人的面目，大多数已经忘了。我不知道他是怎么了，年纪轻轻竟也如此。或许因为小伙子长得精神，继承了南方人的精致，同时也具有北方的豪气。

我问他：“你相信爱情吗？”

其实我在问他之前，心中就已经有了一个答案。

“相信！我一直都相信！这世界，因为爱情而更加美好。”他回答得炽烈而真诚，完全颠覆了我的思想。

一时之间，我倒是有些无所适从：“那你认为真正的爱情是什么样子的？”

“快乐！荷尔蒙的刺激！”我完全被蒙住了，因为在我的精神世界里没有诗词显然是谈不成恋爱的。

看着眼前的他，他也是我的一位朋友，最近还要请我参加他的婚礼，他说自己要在年底结婚。

我不知道该用什么来说服自己，更加不知道该用什么来安慰曾经与他相好过的女子，更加不知道该用什么样的语言来为自己解释现在的社会是怎么了。

我的上一本书名叫《荒爱》，本来的书名是《乱爱年代》，被炮兵的一位朋友驳了回来，他说这样的书名，可能会引起一些不必要的麻烦。

这个时代的女子在感慨，人与人之间已经没有了真正的爱情，有的只是赤裸裸的车子、房子、票子。

这让我不禁回忆起我的第一个男朋友，他因为我总是一副小女人的模样而选择离开我。我当时还歇斯底里地往死里痛苦，好像真的到了离不开他的地步。之后接触了第二个男朋友，我们相爱了。但是好景不长，那年我刚毕业，工资只够基本的生活，因为贫穷，男友再次抛弃了我。这次，我显然没有像第一次那么颓废。

痛定思痛，我想，如今的女孩子，如果你没有丰厚的家庭背景，那么在谈恋爱之前，你应该做到的是赚更多的钱，穿最得体的衣服，着最得体的装，给自己“最毒辣”的眼光。

一个女子若要达到真正的从容，显然要经过很多的苦难。

两个女孩子在一次谈话当中说：“你知道咱俩之间的区别吗？”一位已经初为人母的女子，眼睛里面已经少见明澈，她看着眼前这位自己二十多年的朋友。旁边的女子显然似“墙角数枝梅”，不畏那“凌寒”，只是“独自开放”。

“什么区别？”女子优雅地端起一杯清香的蜂蜜茉莉茶，“说来听听。”她的举止优雅，不紊不乱，想必每一个男子见了都会怦然心动。

单看女子今天这身装扮：淡红色的上衣，加上简简单单的浅灰色的锥形裤子，一双优雅的白色坡跟鞋，如同正在戴佩妮淡淡的歌声中自由徜徉。

“你我之间一开始没有多大区别，只是二十年来，你面对困难越挫越勇，而我却因为种种借口时常退缩。一开始咱们就说会对一个男子恪守‘执子之手’的承诺，我们一直在履行。我很快结了婚，然而，你却不那么幸运。一次次被大都市里无情的男人伤害。”已经做了人母的这位似乎在怜惜着朋友的遭遇。

这女子，继续淡雅得只是露出浅浅的一笑。

“我看过，你曾经写下过‘我是天涯歌女/红尘中的卑微与践踏/磨去了我热情的步调/舞步亦在飞扬/却沉沉得离谱/七幅画是你唯美的馈赠/城堡的大门永远容纳不了世俗的门槛/艰难的挪动/是我不屈的求存/哪怕在风中看到你温暖的背影/是我今生不悔的追求/劳斯莱斯女神/是我在风中永远的悲鸣’，那时候，我是有些悲伤，我的朋友到底遇到什么事情了？会不会从此落入风尘？可看到你如今的模样，我明白了。”

朋友在絮絮叨叨诉说着，女子依然淡雅如一。

其实现代社会因为存在各种利益瓜葛，所谓的“爱情”已经不那么纯粹！

这个年头“吃软饭”的男男女女多了。对于我们来说，只有真正做到有胆识、有智慧、有底气，才可能谈一场纯粹不过的恋爱。

我想即使社会再乱，也总会有那么几个好男人。他们也在摩拳擦掌等待好姑娘的出现呢。

给自己最得体的装扮吧，面对困难越挫越勇，从今天开始学习与实践，做一个优雅而从容的女子，我想，你离爱情只有一秒钟的时间了。

从现在，可以开始了！

拥有他，不一定得到他

有些事情，我们经历着，同时也见证着。我的一位朋友在一天晚上哭着给我讲了一个老套的故事：

“我和他是同办公室的同事，他大我几岁，有一个小孩。除了大学一段短暂的初恋，在遇到他之前我的感情空窗已经三四年了。所以，对于他工作上的帮助，生活上的照顾，我都没有拒绝，我俩渐渐发展成暧昧关系，再后来发展成耳鬓厮磨。然而，我们的关系仅限于感情出轨，真正的恋爱关系也就是一个多月时间，是我主动要求结束。

“因为与他这段见不得光的感情，我感受到的痛苦远远大于快乐，难过的时间永远比开心的时间要多。

“促成我下定决心的还有一件事，我在商场里碰到他们，为此我与他大吵一架，我质问他我们有没有未来，他沉默许久说没有，并告诉我他试过离婚但离不了，有太多错综复杂的原因。

“我们相约，退回同事关系。或许你会觉得可笑，已经开始如何后退？

“我们在工作上其实只有很小的交集，可以少交谈。所以，我采取的是冷处理的方式，只做必要的工作谈话，对单位组织的聚餐、体育等活动我也找借口回避。

“虽然表面上波澜不惊，但我的内心非常煎熬。终于在前几天，我喝醉了打电话给他，哭得一塌糊涂。

“我知道，我们中有一人离职是最好的方法，在之前的小吵小闹中，我说过坚持不下去要辞职，他要我答应他不会因此离开（因为他知道我非常珍惜这份工作），并且承诺如果我离开他也随我离开。

“如同你提到的：‘结了婚的男人向你所承诺的一切，无论有多么庞大，开头数字都是零，哪怕后面跟了一千万，依然等于零。’我不相信他的承诺，我相信只有自己才能拯救自己。

“我也知道，他不走只能我走。可是对于这份工作，在工资待遇、社会地位、工作环境等各方面我都非常满意，在当地能找到同等条件的工作机会并不多，而且当初我也是付出了很多努力，放弃了很多东西才跳槽进来的，所以我非常珍惜，我不甘心为此放弃我辛苦努力换来的工作。

“一个女人，爱情没有了，如果再没有工作，没有经济来源，如何谈独立，不是更可悲吗？”

面对她的泣不成声，我不知道该怎样去安慰她。其实我自己最近也在深受感情的囹圄之灾，不同的是，我的那个他只是不愿意结婚。

虽说这个朋友是“小三”，但是我不能不同情她。在我的印象当中，她实属善良之辈。

我问朋友：“你真爱他爱到不能正常呼吸、吃饭、睡觉了吗？”

朋友说：“那倒没有，只是寝食难安！”

亲爱的，这就对了。放手吧，放开他，更是放开自己。

有时候拥有一个人并不一定得到他。将他在自己的记忆深处好好珍藏，那何尝不是一种美好呢？

女孩，加油！让此成为回忆。等待那个真正和你成为眷属的人吧。

记住，你的幸福，就是松一下手，仅此而已。

再寂寞，也要耐得住

我曾写过一篇名为《女子二十四五》的文章，里面有这样的描述：

“那年，我们二十四五岁。

“不再有十八九岁的凛冽、热情与奔放。忽然，我们开始不苟言笑，像是幽谷中的‘天丽’，微微露出笑靥，仿佛一座古老而蜿蜒的木桥，似乎含蓄了，只是愿意一个人躲在被窝里偷偷抽泣，一个人深夜去酒吧，打开威士忌，观看调酒师的表演，笑一笑，哭一哭，一个人在幽暗的聚光灯下杂耍着自己的青春。

“那年，我们二十四五岁。

“不再有校园恋歌的无邪。我们很冷，很冷，需要怀抱，需要一个停靠的港湾，我们累了，真的累了。面对恋人，我们很少撒娇，不是没有资本，只是曲江留下的那是唐人的遗址，面对古人，我们微微一笑，仿佛花般娇羞，却不再那么矫情、刻意与虚荣。面对爱情，我们更懂得宽容、理解与忍让。不是失去了脾性，生活让我们更加慈祥与开怀，或许到了该做母亲的年龄。

“那年，我们二十四五岁。

“不再是做梦的年龄了。哪个少女不怀春？哪个青春没梦想？少年时节，我向往项羽‘力拔山兮气盖世’的英雄贵族形象，更加艳羡虞姬的‘虞兮虞兮奈若何’。如此温情，这般坦荡。

“那年，我们在追逐。

“如今，见好就收。

“没了梦想，没了希望。

“我们只是觉得手脚冰凉，冰凉。

“我们累了，真的累了。

“社会如此包容，不幸的是我们生活在一个如此性开放的时代，男人们把女人当做自己填腹的食粮，我们在这个年龄远远没有少妇的欲望，只是为了表现得不那么令人讨厌，逆风而上。我们不需要过多的言语、伎俩，只是想坦坦荡荡，获得一点点的温存。

“乱爱年代，又何必苛求？

“曾经的山盟海誓，那是古代人的‘拣尽寒枝不肯息’，我们少拿来意淫与糟蹋。

“天空，是蓝的，那么寂寞。”

记得刚刚写完，我给母亲读了，母亲心疼得哭了。当然，我深深理解这是一位母亲对于女儿的怜惜。

看过安妮宝贝文章的姑娘们，大多是寂寞的孩子。那么我们就该学着木子美四处放荡吗？然后像杜拉斯一样，常常交不同的男友，然后孤独一生吗？

显然，那些还算传统的女孩都希望有个暖暖的家，有个可以“依靠”

的他，哪怕仅仅只是一个怀抱，哪怕只是片刻的安宁。

一首王菲的《我愿意》显然阐释了女孩子的恨嫁心理。

当然，到了一定年龄家里人会着急，自己也会着急。那么我们就该草草了事？来个“闪婚”，然后又来个“闪离”？前几天看了一个大致的统计，具体数字我忘了，但是离婚率相较结婚率的差比，令我震惊了！现如今人们都以为结婚是穿衣服吗？难道白纸黑字当真就是“现实版过家家”？难道我们当初的感情真到了宣告结束的时候了吗？

有人说，缘分清浅。我想，不是的。

现在很多年轻男女结婚，只是贪图一时高兴，并没有考虑过太多的因素，比如生活习惯，比如人生理想，比如价值观等。

与其说是男欢女爱，不如说是我刹那间喜欢上一朵红玫瑰，不久我发现它原来不过是一抹蚊子血，又脏又臭。于是，我又喜欢上了白玫瑰，它既有百合的高贵，又有玫瑰的妩媚，之后我们爱得死去活来，之后，我们“私奔了”，之后，我们成了一对平凡的夫妻。有一天醒来，我发现旁边睡着的不过是一粒白米饭，而且是放了很久的，有些发霉的白米饭。

时代久远的张爱玲只有经历了现实的赤裸裸，才能道出人心的“玫瑰苍凉”。

我的一位同性朋友听了我的分析后着急了：“是不是现在的男的都不可靠了？是不是我们现在成为剩女都是理所当然？”

朋友天真而迷茫地看着我，我压了一杯芦荟汁：“你说呢？”

“你是知道的，我现在都谈了好几个男朋友了，我爸妈都说了，我是只谈恋爱不结果！”

“结什么果？莫非要‘生米煮成熟饭’？”我调侃道。

“想什么呢？咱又不是处女！我是说结婚！”朋友有些着急。

我深知其中的痛苦和不安，首先是家里人非常着急，因为在老一辈的人看来一个女孩二十四五岁不结婚，显然属于不正常行为。这让我不由得想起小宋佳扮演的《大女当嫁》里面的女主角，也是因为家里人的逼迫频繁相亲、频繁约会。其次，作为一个“干柴烈火”般的女人，显然是需要一个爱的港湾和心的归宿。从中国传统看来，这无疑是最合理不过了——找个男朋友，找个老公。

可是，我可爱的姑娘，时代变了，不是“伪娘”也出现了吗？即使人家潘安曾有迷倒众生的容颜，但那也只是当时姑娘们的一厢情愿。那么在这个时代当真就找不到和自己匹配的男子了吗？

这让我不由得想起如今网络上盛传的两个词，一个是“食肉男”，一个是“食草男”。“食肉男”与我在前文中提到的“泡良男”颇有相似之处，唯一的区别是“食肉男”可能娶你。而“食草男”是相对“食肉男”而言的，有点“柏拉图式恋爱”的意味。面对这两种男人，有人钟情于前者，有人欣赏于后者。

我问了我的朋友，她喜欢哪一种？

她冷冷地笑了一下，随便扔出一句：“好像都不可靠吧！”

是的！好像人们都喜欢归类。但是世间万物没有完全一样的物种，亦没有完全一样的人。若要判断最后能否“执子之手，与子偕老”，还真的要看两个人之间是否气味相投。我认真想了一下，在这里的气味倒不是什么缘分之类的东西。我觉得还是家庭条件、共同爱好、生活习惯、人生志趣等，就如我一开始说的那样。

朋友再次着急了：“我真正的他什么时候才会出现呢？”

淡定，一定要淡定！我想只要有一颗诚挚的心，你的他迟早会出现。而那时出现的他便是你的理想伴侣！

其实，像娱乐圈中的陈道明、李亚鹏等，都是我们耐心等下去的理由！

记住，好男孩依旧存在。

朋友，将自己打造成真正的“钻石”，寂寞只是暂时的。

我的他，就在不远处！

结 语

这样匆匆结笔，难免让人有“一杯愁绪，几年离索”的怅然，然而，笔者只是希望以此为契机，让同龄的姐姐妹妹们活出自己，而不是像林黛玉一样，哭哭啼啼，以为真的能换回什么。

我想如若大家还在向往元好问词里面的那句：“问世间情为何物，直教人生死相许？”那不如继续“天南地北双飞客，老翅几回寒暑”。

真正的爱情毕竟要经过雨打风吹，不是说简简单单地互生情愫就是爱情，那只是“喜欢”而已！

我们在面对喜欢的男子时，显然已经不必再整天“青青子衿，悠悠我心”，最后还落得个“衣带渐宽终不悔，为伊消得人憔悴”，何必呢？

生于现代，我们不如专注于自身的魅力培养，让该走的走，让该留的留。

我的他，就在不远处。

看，前方如此美妙！

下篇

洗手做羹汤

我们为人妻为人母。

我们逐渐成熟，逐渐有了担当。

面对不同的女人，我们的那个他不复当年。

我们很文艺：一个人躲在家里看安妮宝贝的小说。

我们在迷茫：拿什么拯救你，我的爱人？

我们在彷徨：面对另一个女人，面对新出生的生命，面对自己挚爱的人，从此只是徘徊于厨房和卧室？自此就是“传说中的黄脸婆”？然后生命逐渐暗淡？

我们开始感慨：世界上的爱都跑到哪里去了？

“从此无心爱良夜，任他明月下西楼。”

“伤情处、高城望断，灯火已黄昏。”

最古老的问题——爱不爱我

是女人，就一定会问那个他“你爱不爱我”，或者频繁，或者偶尔，或者早，或者晚。没有其他理由和动机，只是因为爱得不由自主，爱得心里没有底。女人身置爱情之中往往比尘埃还低微，实属可怜得要命。

我在二十四岁时无法自拔地喜欢上了一个人。抛却个人情感，站在一个旁观者的角度来看，这位男生确实没有什么特殊的地方。若要论才学，哪里及得上先锋诗人的步调；若要论财力，哪里比得上煤老板的阔气；若要论长相，一个三十岁的男子再怎么保养也不会有二十五六岁的英姿飒爽了吧。可是，我还是一头栽了进去，跟其他恋爱的女子没了两样。我在问自己，这是我前世的劫数，还是从事文字职业必然要历尽的磨难？

我们之间暧昧，却始终飘渺。他像空气，偶尔在身边徘徊，却常常抓也抓不住。

我常常觉得自己怯懦、胆小，始终无法面对自己，面对自己最真实的内心。尽管我心里所有的欲望一如其他年轻人一样喷薄，但是我还是尽力将自己归为脱俗的那种。因为我一直认为自己是优雅的，我不同于其他人，始终都不同于。我要做一个“兰花一样”的女子。

我们是在一个平常的午后认识的。我原本没有抱着多么大的好奇心，只当普通朋友见面而已。大街上人来人往，车水马龙，我穿了一身改良之后的民国异服，素净的着装让二十四岁的我看上去熠熠生辉。在人群当中显然具有很高的辨识度。

安妮宝贝说得好：“所有真性情的人，想法总是与众不同。”

这是一个什么样子的男子呢？我在当时是没有多少想法的。

《阿甘正传》里一句经典的台词，可能适用于很多场合：“Life is like a box of chocolate，you never know what you are gonna get next.（生活就像一盒巧克力，你永远不知道下一颗会是什么味道。）”

人流攒动，我在街角处放眼望去，心里没有过多的奢望。因为有人曾经赤裸裸地说过：“希望越大，失望越大。”我一度不相信这样的断言，然而岁月留下的例证却实实在在地证明了它。

自从我的那个他走后，我相信我再也不会遇到我爱的人了。这是一种什么样的没落？又该归于什么样的期盼呢？岁月，牵动的已经不是我的心了。因为，它已经在那处尘封。

我在徘徊，我也在猜测：这可能是个中年男子，像通常的成功人士那样，大腹便便、个头矮小。

我带着失落的自我假想望去，却只见从大明宫东南角走出一位男子在向我招手。刹那间，我完全懵了，因为他已经超乎我的想象：风度翩翩，身材卓越，文气又不乏阳刚，穿着得体，休闲而绅士。

一股窃喜的暖流直涌心头：是他吗？是他吗？我一时之间竟不知道，该如何置放自己的手脚。踉踉跄跄，我紧张地上了他的车。

车里放的音乐是《我在街角处受了伤》，女声，忧伤。我不知道，这是冥冥中的暗示，还是这优雅的城市中最普通的一部分。

“我很老，是吧？”由于今天发式的缘故，我一直觉得自己显老。在我的思想里，只有中年人才会偏爱旗袍、古典发髻这类东西。然而，我对这方面情有独钟。我一直觉得，从旗袍里走出来的女子，已经完全超脱了小姑娘的斤斤计较和任意妄为。我超乎年龄的成熟，也让很多人以为我就是“传说当中的女强人”。

“没有啊，很年轻，也很优雅。”他开着车，始终保持着一种微笑的状态。是经过南航的训练吗？还是天生如此？亦或是凤凰涅槃后的重生？他到底是个什么样的人呢？他经历过什么？我在猜测……

有人说，当你喜欢上一个人的时候，就会费尽心机来挖掘这个人的点点滴滴。我潜意识里，已经在做这件事了。

我们的目的地在说好的秦岭方向。我喜欢大山，一如喜欢那里的幽静、

安逸与宽容。很奇妙的是我们居然有着不谋而合的喜好。

“你为什么喜欢大山？”他用不紧不慢的语速问我。

“可能是因为山的那边还是山吧。”我一直都这样认为，范思哲的女掌门人说性感不是一种暴露，而是一种幻想。我觉得，这话用在欣赏大山，品评大山上同样适合。

我们就这样一路走着，一路聊着。仿佛前世今生注定就是朋友。他时常严肃，偶尔微笑。张弛有度的语速，让我觉得自已一时之间竟然忘了从前的忧伤。

慢慢地，天黑了。他摸了摸我的额头：“怕吗？”

“不怕！”不知道是什么力量，因为有眼前这位男子，我觉得万分安全，即使现在是到了原始森林，没有任何一个救援队伍的出现，我也不会感觉到一点点不安全。

但是，村子里的小路实在难走，我们把车停留在一个小菜地旁。

“咱们去偷菜？”我问他。

“是呀，咱们要把腾讯精神付诸于实践当中。”他调侃着下车了。

仲夏时节，村里的晚上格外凉爽。我也走出车透透气，伸了伸懒腰。

这样的夜色真好，我不由得想起了张爱玲笔下《倾城之恋》里的男女主人公——范柳原与白流苏，在清浅的早晨，浅水湾的幽静，想起《诗经》里的那一句：“今夕何夕见此良人？”

没想到，在类似的场景下，他也问了我同样的问题。

“我不懂。”陶醉在这样温暖而清爽的夜晚，我的语言中枢好像已经受堵。

“今天是什么日子呀？让我遇见这么美的人儿？”

“胡说，又在胡说了。”

“下一句是什么呢？”

“子兮子兮如此良人何嘛。”

“翻译一下。”

“美呀美呀，怎么会有这么美的人儿呢？”我翻译着，心里在想如果让这刹那变为永恒该有多好啊。

“不对！”他狡黠地说道。

“那是什么？”他的回答往往出人意料。

“美呀美呀，我到底该拿这么美的人儿怎么办呢？”

海誓山盟算什么？山无棱天地合算什么？君子于役的期盼又算什么？我希望可以如此度过今生今世，这是我内心深处最真挚的呼唤。

接着，我们又上车，向着秦岭的方向前进。

“我不太认识路啊。”

“我也不太认识，倒不如咱们回西安吧？”我也害怕我们的任性会带来不测。

“好吧。”他轻轻地吻了吻我，“真乖。”

车里响起了沙宝亮那首《执子之手》——“你说爱情总是让你难过/总是让你受折磨/总是让甜蜜变苦涩/你不明白爱情存在为什么/从前的我也曾经如此困惑/也决定不再为爱心动/但亲爱的真爱一生难求/请你和我为我们加油执子之手倾此生温柔/相随相守无怨无尤/执子之手一起抚平伤痛/教灵魂不再孤单未来更宽广/执子之手到世界尽头/相伴相扶不悔不休/执子之手一起遮雨挡风/让生命丰美安祥让爱更自由……”

车里这位男子沙哑的声音在这样的夜里动荡起伏，我的眼角不知道从什么时候湿润了起来。这美好的一切能延续吗？假如能延续的话，又会是多久？

很快，到了西安。我们到了要分别的时候了。

第二天，第三天他再也没出现过。我也没有刻意去联系他，或许这一切只是泡沫。真正相爱的人，并不是将爱挂在嘴上，就算有千山万水的阻隔，他们也会再次重逢，以前我不信！现在我非常相信！

因为工作的缘故，我们又有了新的交集。就这样，他像空气，有时很近，有时却很远。难道这就是爱情吗？还是说这是这个社会给我们的最大谎言呢？

我一直没有问他一个问题："你爱不爱我？"因为依照我的性格，是不会有这样的问题出现的。但是，身为女子，面对自己心爱的男子，哪个不会徘徊良久呢？最难过的，往往是情关吧。

一天晚上，我们正在商量工作的事情，一位窈窕的女子出现了。

"你好。"她淡雅的语气，居然让我觉得杀气十足。

"你好。"

"我们可以谈谈吗？"她语气闲适。

"当然。"

我们撇下了他，一同走进了"乡村基"。

"喝点什么？"我主动问她。

"柠檬水。"

"我也是。"

同样秉性的女子坐在一起气氛或许更加融合，起码我是这样认为的。

"我是他的妻子，我们已经结婚3年了。"她显然没有向我挑衅的意思。

"能感觉出。"

"我们关系一直很好。"

"咱们属于同一类。不是吗？"我的年轻在这样的淡然面前显得贫瘠而荒凉。

“他是一位值得爱的男人。”

“我也这么觉得。”

“你是干什么工作的？”

“写作。”

“我也是。”

这是天意吗？我们俩同时笑了。

从那之后，我再也没有联系那男子，我把先前的经历当成是生命里的一次美好邂逅。但是，我和她却经常联系，常常听到他们之间的故事……

爱不爱我？有那么重要吗？

“我站在桥上看风景，看风景的人在看我……”

有时，这个问题不用赤裸裸地回答，其实心中早已经有了答案。

就让我们，这样活着吧。

不好吗？

男人花心该如何

不知道从什么时候开始，我们的他变了，变得不像从前了，变得对我们来说有些冰凉，逐渐陌生了。

有人将这归属为道德问题，有人将这归结为社会问题。

在一个晴朗的夜晚，我倾听了这样一个故事：

“我老公今年三十四岁，事业上小有成就，我一直认为我们是一对很好的夫妻。然而，在今年六月份，我发现了老实的他，居然在外面有了别人。当时我怎么也接受不了，以前对我言听计从的老公为什么也跟社会上其他的男人一样了？难道风流是男人的天性吗？

“我不信！我始终不信！然而，直到有一天，那女人找到了我们家。

“在三个人面对面的时候，我难过极了。我让老公当场选择，要我还是要她，只能选择一个人。然而，老公在这里好像圣母一样，怕得罪任何一个女人。面对这样的情形，我只得摔门而去。我想，可能他会反省吧。毕竟一日夫妻百日恩，再说我们这都多长时间的夫妻了？

“然而，一次逛街的时候，那女的打过电话来说她醉了，老公居然像疯子一样丢下我去找那女人了。那是什么样的女人啊？喝酒，抽烟，闹事。我觉得她连跟我成为敌人的资格都没有！

“面对这样的老公我也心灰意冷了，提出了离婚。然而，他却怎么都不同意，是舍不得我吗？我原谅了他，毕竟他是我的男人。

“后来，我和他去丽江旅游，作为我们结婚三周年的纪念。我想，我们美好的生活又开始了。

“然而，一个电话打来了，他说公司里面有事，要马上回去。他回去了，我一个人在丽江逛了很久，我还内心偷笑，自己的老公真负责，他已经知道上次的错了，人非圣贤孰能无过？

“然后，就在我下了飞机，回家路上经过闹市街的时候，我看见了我的老公和旁边的那位女人。两个人打情骂俏，好像回到了十八岁！

“我哭了……”

许多女子婚前都抱有很多美好的期许。然而，现实往往是残酷的。

纵使我们有班婕妤的贤德，也终究控制不了男人的花心。

赵氏姐妹的出现，一时间惹得帝王眼花缭乱，从来都是新人笑旧人哭，班婕妤也只有作《团扇歌》以泄情绪。

纵使卓文君倾国倾城，才情无双，但是司马相如始终是风流胚子，谁叫自古文人多风流呢？

花心真是“软刀子”，只见伤人，不见血！

当真是那清朝的纳兰容若总结得好——“人生若只如初见，何事秋风悲画扇，等闲变却故人心，却道故人心易变。”

我想这样的句子用在如今的“花心大少”身上还得欠缺几分，毕竟今人少了古人的那几分儒雅。

天色渐晚，我眼前的这位女子流露出没落的眼神。

我问了问她，你是怎么想的？想如何处理？

她摇了摇头。

到这儿，我已经知道这“花心大少”被所谓的“小三”勾走的原因了。

记得在前一阵子的某一天，我和几位男性聊天，说到现在为何“小三”频频出现时，男士们倒说得理直气壮。

一位已婚男子首先开腔：“其实刚开始的时候，那男子对自己的老婆肯定是有好感，并且是喜欢的，至少持续到礼堂的钟声和誓词那一刻。但是，男子最后怎么就找“小三”了呢？这显然是合情合理的！”

我准备开始反驳。

那男子继续兴致高涨：“那是因为男子在外面打拼，社会经验、人情世故、文化礼仪逐渐提升，但是那女子依旧原地踏步，于是两个人逐渐出现差距。直到有一天，他们两个不是一类人了，正所谓‘人以群分’，‘合适的人’迟早会出现，那个人就是所谓的‘小三’。‘小三’是相对于‘正室’而言的，其实不应该存在‘小三’这个词。正所谓‘朝秦暮楚’，爱情像魔咒，两个具有共同语言的人产生了荷尔蒙反应，难道这有什么不道德的吗？”

这一番貌似合理的“歪理”，一时之间我还真找不到反驳的词汇。

旁边那位三十几岁的男子说：“其实男人都很花心，女人也一样。你想谁不喜欢美好的事物呢？”

“那莫非女人真的如衣服，旧了就要换新的？”我觉得自己竟然没有了说话的能力。

那女人如衣服的话，男人也是衣服了。这好像说得也对。就如我一会儿喜欢黄晓明，一会儿喜欢陈坤，之后又疯狂喜欢上了丹尼斯吴。

说到底，我该给眼前这悲伤的女子怎样的解释呢？我选择了沉默。

拿起包，取出化妆品和梳子，开始努力让这个女子的魅力发生转变。经过了大约半个小时，我拿出镜子，让这女子看看。

她笑了，却很僵硬！

我含着寒冷的心，微笑着对她说："smile!smile!Smile to me!"

《非常静距离》栏目组出了一本书叫《做自己》，亲爱的女子不妨看看。

做回本来的自己，掷地有声地面对这种花心男，展现自己的"魅力"与"坚韧"。如若浪子回头，他回来，那好，继续过；如若执迷不悟，那好，我走人！

何必凄凄惨惨呢？

晚风静好，我和这女子一块进入了长梦。

也许，她已经看到了明天！

女人，比女孩更美

《风月》里，周迅还是小舞女的时候，青涩地说出："女人，比女孩更美。"那时候，我还不太明白这句话的含义。

如今，大概十年过去了吧。周迅，分分合合，好了又分，分了又合，好像身上总有使不完的劲儿。有人说她像咖啡，如此浓烈；有人说她像蛋糕，如此可口；有人说她像雪霜，天寒地冻。我说她可能更像咖喱吧。

很多十八九岁的年轻女孩在抱怨自己的爱情有多糟糕，或者在赞美自己的爱情有多美好。女孩，往往直接、矫情，可能是因为还没有经历情感的过程。

梅子和丈夫经历了很长时间的磨合才终于确定了婚姻关系，当时几乎所有的亲朋好友都一再劝梅子不要嫁给他，因为他太穷了。然而，梅子仍然坚持下去了。

婚后，他们一起打拼，经济状况也慢慢好起来了。他们在同一个单位上班，两个人都是骨干，房子、车子、儿子、票子都有了。

然而，梅子认为不该发生在他身上的事情却发生了：他有了别的女人。

他曾经嬉皮笑脸地跟梅子说过，现在的男人大多有情人，没情人不是男人；某某男人既给老婆送玫瑰花也给情人送，家里红旗不倒，外面彩旗飘飘。

因为对他放心，梅子也半开玩笑地问："是不是你也有情人了呀？如果是这样，我们没得商量唯有离婚。"

他依旧笑脸相迎："怎么可能，我老婆这么能干，虽然不是太漂亮但也很贤惠，再说我要有情人我晚上还回家呀，你看我哪个晚上没有回家呀。"

他说得没错，起码在这点上，梅子还是相信她老公的。

去年，他们结婚周年纪念，准备去九寨沟美美地玩一下。飞机都要起飞了，他却突然说公司临时有点急事儿需要尽快处理。梅子没说什么，然而女人的第六感觉使她隐约猜到了什么。而且儿子跟梅子说过，他看见爸爸在QQ上与一个女人聊天，说让那个女的给儿子当妈妈，那个女的不同意。

梅子这才明白，他有了别人。她一气之下提出离婚，没想到他立刻同意了。梅子让他给出缘由，他只说了句"我对你没感觉了"。

天哪！感觉这个词用在结婚十几年之后不是很荒唐吗？

面对他这样龌龊的形象，梅子也没什么可留恋的了。但是为了自己和儿子，梅子决定把奋斗了多年的财产保护好。作为一个没了青春的女人，梅子不希望生活也没了保障，而且，用金钱来拖住他，等他和那个女人玩够了，没准就会回来了。梅子毕竟也是有素质的女子，不想跟那小女孩一般见识。

没想到的是，他让梅子把他应得的那一份给他，态度决绝，好像他们之间从来没有过任何关系似的。

“人在江湖，身不由己。”升职加薪，肯定是需要付出很大努力的。公司效益好，业务忙，应酬自然也就会多。在男人心目中，工作和事业是最重要的一环，这也是他们建立个人形象和价值的重要途径，而不仅仅是为了谋生。在工作和应酬的过程中，男人自然会接触到形形色色的女人。对此，有的女人不放心，开始疑神疑鬼。

梅子就不一样，她对自己的男人深信不疑，在男人极度贫穷的时候，选择跟这个男人在一起那是需要多大的勇气啊。然而男子毕竟多风流，看着红玫瑰，从来不会忘了白玫瑰。

我真的不知道是该向她的大度表示深深的敬佩，还是对她的丈夫表示鄙夷呢？或者对那插足的“小三”多几分咒骂呢？

花开花落，四季连年。你为何不在当初说你不爱我，而是在多年之后，待我年华老去，以“离婚”的形式与我分道扬镳呢？不是我没了生活的勇气，只是我怕你会一步走错，步步走错！因为我还爱着你，自始至终都是。我爱儿子，那也是因为你。

如今你被婚外的一点儿小刺激而鬼迷了心窍，你当真以为跟我离婚之后便是每天的风花雪月吗？难道你忘了我们当初吗？那不也有很多海誓山盟吗？它们可曾经得住岁月的考验？

还是纳兰容若说得好："人生若只如初见，何事秋风悲画扇，等闲变却故人心，却道故人心易变。"短短几行，哪个情侣的命运能逃得了这美好的"毒词"？

或许，现实就是故事，故事便成诗词。谁料晓风残月后？

要记住，女人应该比女孩美丽很多，她们学会了理解、宽容、体谅和容忍，同时也经历了爱与不爱的变迁。

仔细想想，还是套用那位外国作家的话吧："亲爱的，你以为你外边是谁？其实全是你自己。"

做一个名副其实的女人！让自己优雅、从容、高贵而美丽。像咖喱，丰富一点，不好吗？

其实，"女人"是一个高档的词汇，我想终有一天大家都会这样认为。

相信他，总有一天，还是你的！

因为妻子，因为夫

人们常常对长相厮守赞颂不已。

人们常常说只有占有，那才叫爱。

人们常常说，我嫁了你，就该吃你的，穿你的，因为我是你的妻子。

人们常常说，我娶了你，你就是我的，生是我的人，死是我的鬼。

我也曾错将“爱”当作如此，直到我听一位朋友，说起她的前夫。

她，刚和自己有钱的新任丈夫度完蜜月回国。然而，她却怎么也高兴不起来。她难受，她不知道为何会这样？

现任丈夫不好吗？

显然不是！

事情已经过去两年了，她还是在刚刚新婚后，找到了曾经的那个他。

“在国外习惯吗？”他笑脸盈盈地先开了口。

“还好，你呢？”

“嗯，也还好。”

空气像秋天一样宁静，骤然之间的沉默让她内心如刀绞。

他是她的前夫。他们相爱的日子平平淡淡，却很幸福，仿佛那一个简单的小窝就能容纳天下所有的幸福。同一个大学毕业后，他们去了同一个城市工作。没有什么惊天伟业，却过得格外温馨。日子一天天过去，他们想着就这样一直慢慢变老，然而，事情的发展总是很难如愿以偿。

该来的，还是来了。

绝症，这个闻之色变的东西落在了他的身上，他停止了工作。

为了挽救他的生命，她兼了好几份工作，她发誓一定要让他在自己的身边多留几天。

当她拼命赚钱为他治病的时候，医院却传出他的“桃色新闻”。

他与一个同病相怜的女患者好上了。

这怎么可能呢？结婚这么多年，他虽然不是特别的优秀，但也风度翩翩，爱慕他的人不少，他却从未做过对不起她的事，然而事实胜于雄辩，那女癌症病人确实痴狂地爱上他，并很快与她丈夫离婚了。

而他终于羞愧万分地向她提出了离婚……

之后，她也心灰意冷了，接受了公司的决定，去了国外的分公司。

“这是……送给你太太的吧？”她眼角流出滚烫的眼泪，不知道为了什么。

他沉默了一下，接着说：“她就喜欢百合。”

看着她，他笑了。

虽然病了很久，但他依旧俊朗。

她终于再也抑制不住了：“知道当初我为什么同意和你离婚吗？因为那个故事——你住院的时候跟我讲过的故事：两个母亲争一个孩子，县官让她们抢，孩子被拉得哭了，生母心一软，便放弃了……”

他难过了，眼睛里泛出泪水。送走她，他捧着百合花独自去墓地看另一个女人——那个被认作他“太太”的，喜欢百合的女人。

时间过了两年后，他估计自己也没多少日子了。

“我的日子也不多了，朋友。今天可能是我最后一次来看你，谢谢你当初给我讲的那个故事……”他对墓中的合作者喃喃地说。

那个故事，其实就是那位喜欢百合的女子讲给他的，于是，他们决定一起放手，只因为，那是他们最爱的人！

谁说这不是一种爱？只是它太深沉！

保留原先的沉默，也许有一天你会懂……

你的丈夫，有时候并不可靠

已经过去了大概两周时间，安妮的丈夫李磊没有传回任何音讯。安妮有些伤心，难道这个社会上尽是骗子吗？所有人的话都不能相信了吗？

安妮的心有些难受，却又不舍，还在惦念着他吗？不！没有！答案是如此决绝！就像是要被切割的多余的铁板，毫无商量的余地。

安妮打算放弃了，还是回归唯一陪伴自己的书本吧。在此时的安妮看来，人总是孤独的，一如既往的孤独，即使结了婚也是如此。

记得母亲打来电话，说巷子里的那位叔叔去世了，棺材前显得很凄清，只有唯一的儿媳妇在那儿守着。

安妮沉默了一会儿。“不是有一句‘赤条条来去无牵挂’吗？”安妮的声音沧桑沙哑。

电话那头，母亲哽咽了：“你不必为此而难过。”

“是呀，人总是这么孤独，一个人孤零零地来到这个世界，即使有礼炮烟花的欢迎，热热闹闹，风风光光，也总会归于沉寂。在生活的过程中，你会经历很多的人，很多的事，但最终事会过去，人也会离开，其实最终过日子的还是你一个人，中间的那些人只是或长或短地陪伴在你的身边，待你年老时，终究还是孤独一人。”

安妮有想哭的欲望，可是她还是尽量遏制住了自己那部分懦弱的神经，“妈，你还有爸爸，照顾好自己就可以了。”

放下电话。一个人的房间里，安妮已经泣不成声。

这人世间唯一牵挂安妮的两位老人，安妮该用什么来爱他们呢？安妮知道，并且深深知道，迟早有一天，他们会离她而去。安妮不敢想了，不敢继续想下去，日子还是一天天过吧！

这时，手机来了信息，安妮一看是李磊的：“我今天下午撞到电杆上了，我没事儿，车撞得不轻，你那儿有没有 5000 块钱，有的话先给我，我妈还有病，我不敢告诉她，帮我过了这个坎儿，好吗？”

读完短信，安妮对李磊的牵挂又被重新唤醒了。这不是有多浪漫的事情，但是，泪水还是潸然而至。一个落魄贵公子的形象在她的面前来回跳动，就像是西洋油画被弃于尘土，谁也不知道它往日的风采。

安妮再也坐不住了，拿起手机就打过去，想问个究竟——他伤着没有？他还好吗？他在哪家医院？

令人无比郁闷的是，电话回音是端正的客服声音：“您的手机已欠费！”

安妮的脚底板像是有千万只蚂蚁在叮咬，她来不及换上正式的衣服，只是裹了件墨绿色的睡衣，头发乱糟糟像是从贫民窟走出来的乞丐，便径自飞奔楼下，来来回回跑了几家交费处，可是，均已关门。安妮像是泄了气的皮球，耷拉着整个身子。

“你看，你看，现在啥人都有，穿成这样也敢出来？”旁边两个男生开始议论。

中国人就是这样子，从来不关心自己现在的状态，倒喜欢议论一下别人的是非。

要在往常，安妮肯定像是发怒的狮子，但现在她已经没那个情绪了！

“师傅问一下，这儿可以交费吗？”安妮实在着急得有些不耐烦，只想听到一个字而且是唯一的一个字：有！

“不好意思，我们这儿交不了。”她的QQ好像特别重要，聊得很火。

对于她这种很不专业的作坊式服务，安妮气愤到了极点，她缩着拳头，憋了一口气，瞪大眼睛，有着一种原始的粗俗。憋了好一阵儿，理性终于战胜了感性：“还有什么业务？”

她沉默了，有些不知所措。

“卡是可以卖的。”她灰黄的眼睛像雷达一样将安妮的周身扫了个遍：“买卡吗？”

“怎么卖？多少钱一张？”安妮像是抓住了最后一棵救命的稻草，立马扑上了柜台。

“50元一张。”她依然不紧不慢。

“来，我拿两张。”害怕自己的男人正遭受金钱的囹圄之灾，安妮立刻将号码拨了过去。

怎么还不通呢？都几下了？快点啊。

长安街的风，晚上总是略显凄婉。

一位未婚的大学生此刻正躺在李磊的怀里，用着呢喃的呻吟声说：“怎么了？磊……”

“一个朋友的电话，普通朋友的，宝贝，不管啊。”

如此荒诞的场景其实在现在的社会已经屡见不鲜了。是我们错了吗？

还是我们太傻了？难道自己最亲的人——丈夫也不该相信了吗？

身为女子都这样问过自己。然而，现实，总归是现实。

面对丈夫，半信半疑，可能会更好吧。

离开他，你一样精彩

“生命像一袭华美的的袍，爬满蚤子。”这是张爱玲的言语，上世纪初离现在有多远呢？时间永远不朽，它像一个筛子，把那些虚伪的东西弃于角落，难见天日；把那些真实的东西奉为经典，永不过时。张爱玲的这句话流传至今，成为经典，正因为它的真实。

上海。西安。

一个华美，一个古典。

一个新潮，一个传统。

我们曾经是一对夫妻。

一个中国女孩，古典婉约；一位意大利男孩，高大帅气。我们在众人的称赞与羡慕中结婚了。

然而，他注定只是个调情高手。就在我准备给他过生日，在超市买东西的时候，我看见他正和一位打扮庸俗但小我几岁的女孩走在一起。

我忍了！我觉得以我的能力肯定能将他唤回来，但我没有这么做。

我原谅了他，一则是因为他在中国没有其他的亲人，或许只是想交个朋友；二则是因为他生性浪漫，处事还有些西方化，相对比较开放。

然而，这样的事情却在我们结婚后整整一年中不断地发生。

我的心死了，我没有对他进行过多的质问。

一大早，我收拾得体，准备出去。

“你去哪儿？”这位意大利男孩问到，我的心中已经无视他了。

我几近僵硬的脸庞，硬是起了褶子。我深吸一口气，鼻子里透露着隐隐的酸，右手微微抽搐。我曾经想过，总有一天我要让这不负责任的王八蛋，直接尝到暴力的滋味。

可是，面对他。此时，我没有恨了，一点儿也没有了，我只想像空气般溜走，不动声色。

“做我自己的事情！”我冷冷地回应。

“你不爱我了吗？”他在跟我谈爱！一个无耻到家的男人在跟我谈爱！

“我病了……”看着他似乎深情的脸颊，我苦笑一番。

“什么病？”他貌似关切的话语让我觉得恶心。

“我病了，爱不起了。”面对他，我这般的深情只怕是枉费。

“我给你爱！”

还是那么生硬，还是那么法西斯！

我端起旁边的芦荟，“看见了吗？它身上一直有刺儿，可是只要对它浇水肥施，它就能茁壮成长，温润而肥硕。有人说它是一种下贱的植物，你说它是吗？”

“不懂你在说什么。”

面对他，我笑了笑，难怪，也难怪了。我还是继续说道：“它就像一位婉约但有性格的女子，这女子想要的不是车子、房子和票子，这些对她不具有任何诱惑力。”

“你疯了吗？”眼前这位男孩显得有些急躁不安，甚至暴跳如雷。

“从明天起，做一个幸福的人

喂马、劈柴，周游世界

从明天起，关心粮食和蔬菜

我有一所房子，面朝大海，春暖花开。”

我在激昂地诵读着海子的诗，我想他永远不会懂得我刚刚说的话。

“我爱你，你不爱我了吗？”他技术性的动作以为可以捕获所有女人的心。

错了！

“你走吧！”我习惯性地眨了一下眼睛，嘴唇微微抽动了一下，甩开他，利索地走到门口，“出去吧，我们不认识！”我将面颊转向了门缝。

在这个世界，男男女女之间，爱与性都不重要，重要的是理解，是包容，是懂得，面对他我终于明白了语文课本里出现的那个成语——对牛弹琴！

所有的爱与恨，在刹那间，化为乌有！这是时间给我们的礼物。

“快点儿，菲尔，我已经在你家楼下了。”这是新结交的男人一直慵懒的声音，格外的憨厚。

我想，新的征途应该开始了！

离开，那个不该爱的人。

谈风月，不说性爱

“在女人的生命中，最重要的一定是爱情，一个女人的成功是临死前有爱人在身边。”张曼玉如是说。

在香港，有这样一个传奇女子。

她演了75部电影，拿下15个影后奖项；她谈了9次恋爱，结了1次婚。

每当她“失踪”，就是在谈恋爱；每当她“现身”，就是又失恋了。

每次惨重的失恋之后，迎来的就是她的获奖。

她是影后中的影后，她是剩女中的剩女。

她，就是张曼玉。

一直都不否认，张曼玉真的是时光雕刻的美人。岁月沉淀了张曼玉的美，使她周身散发着一种迷人高贵的气质。当她安然度过四十六岁这个大多数女人开始颓败的年岁，她仍然在岁月与镜头里不断地修炼着自己，让我们知道了，什么是不会随时光被遗忘的优雅风骨。

然而，只因她的优雅，很多人忘却了她的支离破碎。

其实，她一半像金镶玉，一半像阮玲玉。该得到的，都已经得到了，且硕果累累。只是，易求无价宝，难得有心郎。经历了许许多多的人和事，她璀璨得如一颗钻石，眉宇间却难掩失落之色。

她在银幕上塑造万种风情，出了戏便洗尽铅华。当她揽腿盘上沙发，脸颊在阳光里泛起光泽，她仍是一个必须做全日制贴身女友的小女人，渴望爱情给予的安全，几乎从未试过爱人的间断。已经四十六岁的她，谈及爱情，却仍俯下身去，光芒掩映，开出一朵凛冽而又脆弱的花。

千帆过尽，皆不是她心之所爱；三千弱水，哪一瓢知她冷暖？

张国荣在《阿飞正传》中说：这个世界上有一种鸟是没有脚的，它只能够一直飞呀飞呀，飞累了就在风里面睡觉，这种鸟一辈子只能下地一次，那一次就是它死亡的时候。

张曼玉不是阿飞，可她却始终为了爱情在飞翔。从香港到伦敦，从巴黎到北京……是个人都知道，她是一个宁要爱情不要事业的女人。哪

里有她的爱情，哪里就是她的家。她亦从来不隐瞒，她曾有两句箴言：“爱情永远是我最在乎的事情”，“女人的成功是临死前有爱人在身边”。

可见，虽然身为成功的演员，但对于张曼玉而言，电影并不是她的生活重心，她宁愿搭地铁去买菜，享受自由自在，为爱尽情冒险。

可笑的是，命运的大手却始终不肯让这个长着小虎牙的女人得偿所愿，偏让她星途顺当，影后拿到手软；又让她爱来爱去，终了无依无靠。最讽刺的是，每次她失恋后总会得到影坛的奖项。至今，她是香港得奖次数最多的女演员纪录保持者，她有多少次因恋爱而重伤，可想而知。

她说：我希望三十岁可以结婚，婚后不要再拍戏，过舒服无忧的生活。

然而，过了爱做梦的年纪，她依然纠缠在红尘之中，时不时抛头露面，赚点生活费。

她说：我希望一生只结一次婚，结了婚就永远不要离婚。

然而，她的婚姻却像一出闹剧，遇见，错过，再遇见，物事人非。

时至今日，四十六岁的她再尝婚姻失败的苦果。此次，毫无疑问，又是因时任夫君“劈腿”而告终。

屈指算来，张曼玉比较正式而完整的婚恋经历共有五段，每段几乎都在三年以上。这样的人生“段落”，在一般人看来或许只能用“支离破碎”来形容，实在谈不上美感惬意。

张曼玉曾经有句经典台词：我是个爱情动物。而在荧幕之外的她也确实像是为爱奋不顾身的爱情动物，每一段爱情都是飞蛾扑火般轰轰烈烈，全心投入。每次恋爱开始时，她总是全心全意、满心欢喜，一副非君不嫁的幸福模样。只是，归宿一直都不是最后的归宿。

自从 1983 年当选香港小姐亚军后，张曼玉便传出一段接一段的恋情，敢爱敢恨的她给人的印象是“讲心不讲金”。香港的女星都对结婚着迷，演戏只是嫁人豪门的热身运动。张曼玉也跟富商恋爱过，但是她迷恋的却是恋爱本身。

因此，与她发生情缘的男人来自于各种职业，有导演、房地产商，也有发型师、电影幕后工作人员、普通人士。只是，不论是谁，不论哪个国籍，不论她怎么折腾，最后的结局都只有一个，那就是：她很快就会被男人甩掉！

其实，任何男女之间的邂逅相恋，就算无结果、无目的、无定数，也依然是一个有着浪漫底色的故事。正如张曼玉自己所言："我不相信女人一生只能谈一次恋爱。其实每次的感觉都不大相同的"，吐出这样的话时，她说得从容而爽利。

然而，一个总是在不停谈恋爱，又总是失败的女人，恐怕"遇人不淑"这样的解释有点太过苍白无力。世界上完美的爱情多得是，为何只有你一再地遇到"陈世美"？

偶然多了，必定会成为必然。

恋爱是心灵的战争，很多女人恋爱失败的主要原因是不懂男人，尤其是不懂男人的基本心理。

毫无疑问，张曼玉就是最典型的"不懂男人心理"的女人。

其实，张曼玉挑男人的眼光很好，她所有的男友都是才俊，也都爱好自由。但她在拍拖时却犯了一个致命的错误，那就是：太粘人。

1987 年，张曼玉与尔冬升相恋。朋友告诉她，尔冬升是个大男子主义者，未必适合她，但张曼玉自觉性格温柔，可以以柔克刚，乐于当大男人身后的小女人。只是，她要尔冬升时时刻刻都在她身边。

要知道，对于一个男人而言，爱情绝对不是生活的全部，可能排在女友前面的更多是他的事业和朋友。男人有许多兄弟聚会，女友是不方便出席的；而张曼玉的女性聚会，却爱拉着男友同去。她要占用他的全部时间，这对于尔冬升而言是难以忍受的。于是难免出现争执，时间一长，再好的感情也会在争执中消磨殆尽。

终于有一天，尔冬升在家里摆下烛光晚餐，在非常罗曼蒂克的环境下，向她提出了分手。张曼玉当时毫无心理准备，还以为男友在开玩笑，没想到尔冬升的态度非常认真，她马上哭得梨花带雨，但任凭她如何挽留，尔冬升都决绝地表示两人性格不合，一时的痛苦总胜过长期的争执。

张曼玉和尔冬升的这一段情，两人都伤得不轻，以至于再见时，简直像个陌生人。好在这个顽强的“小虎牙”是只打不死的“小强”，她继续恋爱，更加热烈地追求爱情。

只是，这一次，她完全混淆了“追求爱情”和“追求男人”的定义。爱情是能令一个女人幸福的事情，女人追求爱情，无可厚非。只是，这需要手段和智慧。

要知道，男人都喜欢追逐的快感，喜欢激烈的竞争。他们喜欢赛车、竞技比赛和狩猎。他们喜欢锁定目标，想方设法去达成目标。

这种令人着魔的猫捉老鼠的游戏实际上让男人兴奋不已，这是两性之间最基本的差异。女性通常追求一种相互承诺的情爱关系，并以此作为最终目标；男人则不然，他会认为，接近目标的过程才是最为精彩刺激的。

所以，如果一个女人太快让男人得手的话，亦或者根本不用男人追逐，自己倒贴上门的话，那么“被甩”就是迟早的事情。

很显然，对这些毫不知情的张曼玉，再一次让悲剧降临在了自己的身上。

1991年，张曼玉拍《双城故事》时与美国人汉克相恋。然而，好景不长，为哗众取宠，汉克在杂志上公布了张曼玉给他写的数十封情书，导演王晶更是将此事拍成电影《爱在娱乐圈的日子》，嘲讽她的天真。

因为轻率地相信男人，因为轻率地付出感情，因为轻率地自轻自贱，这一次，身为公众人物的她，不仅输掉了自己的爱情，更输掉了隐私和尊严。当全城人民在茶余饭后咀嚼着她的情书时，她才恍然明白了，什么是自作自受。

美国著名两性情感专家曾经说过：“当一个女人在午夜驱车去看一个男人的时候，她的车顶上只缺一个霓虹灯标志：我是送上门的货。”

试想一下，如果你穿着一件睡衣去追求一个男人，那么，他首先会跟你做爱。接下来，他就会在心里盘算着如何溜之大吉。女人格外主动的结果，会使男人失去原先对她的欣赏。无论你是否身穿睡衣，是否写过情书，一旦一个男人失去了对一个自贬身价的女子的尊重，他也就失去了与她更为亲近的愿望。

女人必须明白，男人基本上是一种喜欢危险、不安、惊悚等刺激情绪的动物，他们喜欢的是酒、烟、暴力、性爱等等。所以他们很快就会腻烦善良顺从的女性，越是身边女人扎堆的优质男人越是这样。

有很多女人在恋情失败后，来向我哭诉：我到底做错了什么？我一门心思扑在他身上，我对他百依百顺，我那么爱他，我甚至可以为他去死，他为什么不喜欢我？说不要我就不要我？我到底哪里不好？

我答：不是你不好，问题就在于，你实在是太好了。

张曼玉同这些善良温顺的女人一样，在面对心仪的男人时，也会无限顺从，不仅如此，为了博得心仪男人的青睐，她更是使出浑身解数，但这却是一个失败的捷径。

为了嫁给法国导演阿萨亚斯，张曼玉做了许多改变与妥协。

为了他，她离乡背井定居巴黎；她努力学习他的语言、他的文化；努力适应与自己肤色、生长环境截然不同的丈夫。为了他，她放弃了片约和广告，专注地享受婚姻。她向记者夸耀："在法国的生活很简单，煮饭、洗衣等家务都是我一手包办的。"不沾阳春水的公主，为了心爱的王子，甘愿洗尽铅华做个黄脸婆。

阿萨亚斯也曾公开感谢："Maggie 为了我改变了很多。"然而，感谢归感谢，感谢并不代表激情，更不代表爱情。

她的改变与妥协换来的却是另一个女子分享她的床与丈夫，甚至还分享了她的海景和园景。

对于爱情，她企求过，退让过，全身心付出过，结果伤痕累累，她只能黯然退场。为了他的前途，她再次打掉牙齿往肚里吞，毅然地站出来微笑着辟谣："我们离婚，与第三者无关。"直到退无可退，阿萨亚斯才公开承认自己有个圈外女友，"第三者"才浮出水面。

是可忍，孰不可忍。她已为他迁居巴黎，她已为他减少曝光率，她甚至为他遮掩说好话，只是，她无法容忍自己的自尊被人当做泥淖，狠狠地踩在脚下。

多次失败的苦恋，使她心生胆怯，不敢面对更多的熟人与朋友，不敢面对更多舆论的纠缠。想当初，她离开香港避居法国，大半原因是在香港碰到的男人都令她太失望。

二十几岁时，她曾天真地说过："我常想，若是一个好好的男子汉，他多数不会喜欢女友做娱乐圈，一来因对方的名气；二来，他也不会爱听别人称呼他做张曼玉的男朋友；要找这么一个不介意女友名气的好男子，实在很难；有时我想，离开香港会好一点，我不排除若在香港找不到，就到外国去发展感情生活的可能。"

然而，直到她再次只身回到繁华、喧闹、摩登的香港，她才明白了那种宿命的力量。兜兜转转，一切又都回到了原点。世上的男子，大都一个样子。一个不知道及时自省和悔改的女人，是永远无法成长和智慧的，只能始终在原地徘徊犹豫，无法前行。

正如《阿飞正传》的最后，那个一直风流不羁的男人终于黯然地说道：以前我以为有一种鸟会一直飞，飞到死亡的那一天才落地。其实它什么地方也没去过，那只鸟一开始就已经死了。

曾经，和大多数人一样，对于张曼玉的天真，我只是哀其不幸。

然而，随着年岁的增长，我接触到了这样一群女人：她们是把爱情看得如生命般重要的小女人，可是，爱情于她们而言，却又像是一次次小小的感冒，来得快、好得也快，无关痛痒。不能说她们失恋不痛苦，难得的是，她们总是在期待着下一次的感冒。失恋从来不会减少她们对爱情的热情，下一次恋爱，她们照样投入得像是初恋。她们始终热爱爱情。

她们的美丽比年轻时更抢眼，她们的爱情比年轻时更辉煌。

没错！没有什么看破红尘和覆水难收，这是一群不俗的女人，这是一群有本钱失败、能够反败为胜的女人。

与其像个怨妇似的抱怨“男人没有一个好东西”，不如相信男人个个都是“好东西”，然后尽情享受男人。

正如一位著名女强人的雷人语录精选版：第一，我从不依赖男人，但我需要男人；第二，床上用品应该选用品质好的优等货，包括男人；第三，虽然我名花有主，希望你敢来松土；第四，不要为旧悲伤浪费新眼泪；第五，如果有天我变成流氓，请告诉别人我纯真过。

当然，如果一个女人活到这个份上，那她就不是一般的女人。一般的女人，被男人伤害过，就会恨男人怕男人，但不一般的女人，即便被男人伤害过，也还是会爱男人。哪怕她之前被男人甩掉 N 次，她还是会 N+1 次地爱上一个新男人。因为，对于她来说，男人有什么可怕的呢？可怕的是没有男人！

能够在情场上始终保持这种优美和信心的女人本身就是个奇迹。

如此，我终于理解了张曼玉的情路坎坷。

作为一只“爱情动物”，她虽然悲惨过、愁怨过、沉沦过、悲壮过，然而，她却依然可以爱得天花乱坠、爱得如沐春风，爱得乐此不疲。

她的爱情智慧不是只有“付出”、“奉献”那么简单，还包括“享受”、“感恩”等。爱的能力，不仅包括前半部分“爱他”，还包括后半部分的“爱我”，这两者相辅相成，使她可以游刃有余地深入浅出于爱情事业里，无私付出，也可以无悔抽身。

所以，当与她最有默契但有缘无分的梁朝伟承认即将迎娶刘嘉玲，曾经最爱的尔冬升也终于低调结婚时，她依旧可以微笑着送上祝福。

在她身上，我明白了，爱可以爱得很纯粹，很洒脱，很宽厚，很大度。

也许，越是单纯相信爱情的女人，越是容易收获幸福。

她对爱的理解之深刻，真的令人折服。

圈内一个资深记者说："张曼玉这个人其实很笨，但她懂得自己的笨。"

她知道自己不会演戏，所以她就毫无保留地本色出演。

她知道自己不会说话，所以她就尽量少和记者说话。

她知道自己是平胸，所以她从来不会挤波斗奶。

她知道自己不懂男人，所以她只选择忠实于自己的感受。

她知道自己离不开爱情，所以她就把每一段爱情都享受到尽。

她的爱情，从世俗的角度看，都是无果的，从来没有"终老"，但是她尽享了其花开般的过程。

我们完全不必担心下一次她的爱情是会通向婚姻，还是依然遭遇失败的命运。

因为，她只是一个今朝有酒今朝醉的女人。

其实，仔细想想，人活一世，究竟为谁？红尘伤人，亦让人回味。与其做一枝孤高的玫瑰，只为一人绽放，不如做一个腥物，人人流连，纵被无情弃，也总有另外一个人把你当宝贝一样拾起。何乐而不为呢？

轻松上阵，优雅散场。是每个女人必学的伎俩。

张曼玉渐渐老去，新的一批女人又拿过接力棒。林志玲、周迅……一个个美好的女子，爱得那么执著，那么笨。

性爱对她们来说，显然已是其次。

那么，谈谈诗经，谈谈女人，我们在一个秋后的下午，何不优雅地品一下咖啡，谈一谈，女人自己的风月？

让魅力在工作中绽放

随着社会的进步，对女子便有了更多的宽容。女人，已经不是只能在家里相夫教子，死守孔老夫子的“三从四德”了。

她们可以学习，可以工作，可以和男人一样拥有社会上诸多的权利。

然而，在改革进行当中，势必会出现种种不适应，这种不适应既来自于男人，当然也来自于女人本身。

这些观点在“80 后”这里显得尤为突出。因为旁边的“剩女”一个个活得精彩无比，因为旁边离婚的人个个精神抖擞。婚姻已经不是死守的阵地，那个男人显然也已经不是所谓的“天”了。

然而，之前的很多女子大抵不同。

大概有十年没见这女子，今天我和母亲去了她和她第四任老公的家里。

平时没有感觉出自己的外表有多大变化，而她的苍老却让我恍然大悟，或者说是有些触目惊心。

故事应当从十年前说起吧。

那年我十四岁。一位美丽的姑娘爱上了我的叔叔——一个穷小子。当时所有的人都说他们不般配，但这姑娘爱得热烈，爱得赤诚。

他们很快结婚了，次年便有了爱的结晶，一个儿子，叫念慈，我不知道他们为什么起这名字，反正我是忌讳给自己的子孙起带有“念”这样的字眼的名字，因为打一开始就含满了分离的意味。

叔叔据说是个“有抱负”的男儿。

在当地，叔叔很早就开始养蚂蚁，培养无菌蘑菇，但是上帝似乎总会在冥冥之中捉弄一些人，而叔叔不幸就在其中。

有人说，当男人一旦觉得自己的女人稳定了，婚后激情慢慢退去，便会一心扑在自己的事业上，因为社会才是男人的江湖。

而女人，一个自始至终深爱这男人的女人，落寞便渐渐向她袭来。

吕雉，这么厉害的女子拿刘邦这般风流，这般爱江山又爱美人的男人，不是也无可奈何吗？当然，吕雉最后变得更加凶残了，但那可能也是对自己丈夫刘邦的报复吧。一个深爱这个男人的女人是不允许有其他女人与自己分享男人的，吕雉这样的女人更是如此！

这女子就这样跟着叔叔，从此结束了在娘家衣食无忧的生活。

而即使叔叔一次次的失败，这女子也一直在叔叔身旁加油鼓劲，不离不弃。

终于有一天，叔叔走了，只留下一张字条给这女人：“我走了，不要找我了。找个好男人重新嫁了吧。”

这女子崩溃了，发了疯一样四处寻找：电视台打广告，电线杆贴广告……

一年过去了，叔叔依然不见踪影，而她也一直没有放弃。

两年过去了，她病了。

她没有工作，从嫁给叔叔起，便把整个人都交给了这男人，连同自己之前爱干的记者工作。母亲跟我说过，在她还没有嫁给叔叔之前，她曾经信誓旦旦地说，记者是她一辈子追逐的事业。因为，她太爱这个工作了。

看到她这个样子，所有的人都劝她改嫁，仿佛所有的女人都只有依靠男人才可以生活。所有的人都说："嫁了吧，嫁了吧。忘了这狠心的男人！嫁一个可以照顾自己的男人……"

那爱情呢？

仿佛很多女人真应了那句俗语："嫁汉嫁汉，穿衣吃饭。"既然这样，那我们从小学习的琴棋书画，科学知识，要它何用？"四化"建设不是需要合理分工吗？莫非我们只能像古代女子那样"养在深闺人不知"，然后做一个男人的"终身保姆"吗？

这女子足足等了五年，终于没了盼头，她连吃饭的钱都没了。

她出嫁了！嫁给了第二个男人，很快生下两子。不知道是什么原因，这男子几乎天天暴力相向，她的右胳膊终于有一天被打骨折了，左骨盆被踢破了。

她离婚了，又很快出嫁了。搞不清什么原因，反正又很快嫁给了第三个丈夫。之后，她又离婚了，又找了第四个丈夫，也就是现在的这个傻子。

就在今年过年的时候，叔叔回来了，他依旧一无所有，有的只是岁月带给他的苍老。他见到我，叫错了名字，以为我是大伯的女儿。

见到他，我一直有种想问他对那女子感情的冲动。但终究因为不好意思，我没有问，只是从他仁慈的脸庞上，我看见了风霜。

他未娶！我不知道为什么。

其实，在这里，我不想谈论这过去的感情。

只是很可惜，如果这女子当年拿起自己的工作，照顾好自己的儿子，到现在，全家岂不是和和美美？如今她靠男人吃饭，最终落了个半残，嫁了个傻子。她的命运当真合该如此？

生命是如此短暂。

女人，你既然爱一个人，就要学会收放。先要让自己强大起来，在工作中寻找快乐，在工作中绽放美丽。

一些结婚的同学一见面就开始说自己婚后有多不顺，整天围着婆婆、老公、孩子转，没有工作，没有社交圈。

只有一句话涌上我的心头：女子，合该成这样？

她们呢，倒不真的是已经失去了工作能力，仅仅是害怕失去婚姻，失去孩子，就不敢放手去追求事业。与她们不同，一些坚韧而美丽的女子却在婚姻不顺的情况下焕发了新的风采。

婚姻破裂应该怎样？当然是HOLD住，该干吗干吗去，毕竟时代不同了，难道女人们在失婚后开始失魂？蓬头垢面不可能，以泪洗面更不可能，絮絮叨叨去做祥林嫂——你当自己真有那么大魅力吗？

2011年8月22日，张柏芝与谢霆锋发表声明，称因性格不合而决定离婚，双方将共同抚养两个孩子。离婚后的张柏芝并没有小怨妇的姿态，反而一反前段时间的低调行事，频频出席商业活动，以坚强女人的姿态出现在大众面前。她的衣装也变得高调、独具风格，淑女、性感、中性风格几乎在短短几天内秀了个遍，捞金程度非同一般。

离婚后的姚晨事业却蒸蒸日上。在微博上，1000多万粉丝让她成为当之无愧的“女王”，人气无人能及。在时尚圈，她也如鱼得水，显然是红人一个。日前，她风风火火地参加巴黎时装周，以贵族姿态参加法国赛马会，为国内外杂志拍摄大片，在频繁的出国工作中越来越与国际接轨了。

正所谓“情场失意，商场得意”，经历了失败婚姻的黄奕2011年一共有5部电影上映：《财神客栈》、《窃听风云2》、《竞雄女侠秋瑾》、《东成西就2011》、《神奇》、《高海拔之恋2》。

阿Sa的婚姻可谓传奇，还没公布结婚就已宣布离婚。不过，离婚后专心工作的阿Sa倒是明显褪去了当年的稚气，一向走可爱风的她瞬间变身妩媚性感的小女人，让人眼前一亮。

看看这些女人吧，谁说女的就一定得死守婚姻，谁说女的就得成为所谓的“黄脸婆”？

我曾经跟一个朋友聊天，她问我长时间干一个工作会不会烦。

我说，就跟你与自己相爱的人在一起一样。

把工作当成自己的另一个恋人，认真地去对待它，在工作中和自己相爱的男人一起进步，在工作中收放自如，让生活中充满无穷的希望！

我想，但凡有希望的东西，它永远会灿烂无比。

走出去，让自己在工作中绽放美丽！

女人应该拥有自己的另一个“丈夫”，那就是工作，或者叫“事业”。

让工作给情感送上一束诱人的白玫瑰！

让他，感觉距离

男女关系自古以来就是若即若离最美吗？我的答案是肯定的。《诗经》中已经说明："蒹葭苍苍，白露为霜；所谓伊人，在水一方。"这种朦胧美怕是在我们年少的时候都很向往吧？

但是，张爱玲早就说了，长的是岁月。

我们结为夫妻，在上帝和亲友面前见证，仿佛一下子就有了前所未有的美好。

然而，我见到了自己的堂姐，一位 27 岁的女人。

之所以不叫她女孩，是因为她已经结婚 7 年了。堂姐说："我把我的所有都给了你姐夫，可是我得到的是什么？难道就是让他和自己的高中同学每天卿卿我我？"

我面色冷静。

"他上高中的时候就喜欢那女孩，可是当时那女孩高傲得很，哪会喜欢上他这么一个学习不好的，家里又不怎么富裕的人？"堂姐似乎在表明那女孩现在接近姐夫明显不是单纯因为感情。

“那你们俩当初的感情如何？”我在寻根究底，尽管我觉得有些不道德，但是面对眼前这伤心的女人，我还能做什么呢？

“当时我才刚满20岁，你姐夫已经28岁了，那时候我也算长得如花似玉，你是见过的。”

面对这点，我毫不质疑，因为堂姐的长相是被周围人一直夸过来的。

“然后呢？”

“之后，我并没有太多理会你姐夫。因为在我当时看来，他跟其他男孩子的区别并不是很大。我们一直处于若即若离的状态。他每天都来家里找我，但我当时对他根本不屑，只是有一点，我听人家说他心肠不错。”

面对堂姐的陈述，我似乎明白了。

其实每个男人都是一个小宇宙，他需要“征服”的快感，他需要享受到“关关雎鸠，在河之洲”的美妙，他喜欢“寤寐思服，辗转反侧”的抓狂。

这让我不由得想起了一位先锋诗人，一个我毫无感觉的人。

但是，他的才华我从来没有否定过！

他几乎每天都会给我这相貌平凡，才华一般的女子写一首小诗，我不知道他何来的激情。他把我美化得连我自己都不认识了。

我很明白，一个跟诗人好的女子是没有好下场的，聪明如林徽因。

陆小曼的经历不是应验了这个道理吗？你看她晚年过得何等凄惨。

那位诗人问过我：“我是不是老喜欢自己抓不到的东西？”

我没有应声，保持了一贯的沉默。

直到有一天，我告诉他我已经有了男朋友了，而他没有很大的反应，依旧在每天吃饭的时间问我：“吃饭了没？注意身体。”

我想，他是不爱我的。

爱得只是距离，爱得只是那种朦胧美，很多人都是这样，更何况这个诗人呢?

当人结婚之后，总不能经常为了保持“距离感”而玩失踪。

至于“距离感”怎么样创造，我想，不单单是空间距离的关系，不妨考虑一下思想和学识方面，这样产生的“距离感”或许会更加长久，更加耐人寻味一些吧?

至于堂姐说的姐夫的那位同学，纯粹是玩玩而已。

那女孩当初那么不屑，如今说什么也不会爱上姐夫的。堂姐不应该着急，唯有静观其变，同时充实自己。

27岁，如此年轻。

请保持“距离感”吧，适时出击。

多几条“美人心计”又何妨?

上得厅堂，下得厨房

现在的很多公公婆婆都在抱怨自己的儿媳妇这样那样。

老公也因为岁月的厮磨，看到了女孩的种种缺点。今日我收到这样一封来信，内容大致是关于因为结婚后婆家发现了自己的种种缺点，搞得要离婚。

面对这样的事件，我只能说：我们应该学会从一个女孩成为一个真正的女人。

说实话，男人在外面的压力非常大，非常需要释放。而家恰好又给他带了很多责任与负担。他们找外边的女人，有时候跟爱情没有任何关系，只是为了寻求一时的“自由”。

我相信婚后很多女人都会有这样那样的抱怨，而且多半是由于自己的丈夫，但这样的抱怨，无疑不是很聪明，到底该怎么做呢？我们不妨向别的女人学习一下。

都说女人是男人身上的一条肋骨，男人的成功在某种程度上有他妻子很大功劳。正是有劳伦娜这样的女人，才可以缔造出乔布斯这样的男人。

从这样一个女人身上，我们可以看到把丈夫推向巅峰的强大力量。同时，这样的女人也必定有让自己闪耀的独立人格。而这两者，恰恰是相互依存的。

在乔布斯人生最悲苦时，他认识了这个恬静的女人。这个女人伴随乔布斯走过低谷，她支持他重回苹果，在所有人为乔布斯欢呼的时候，她却悄然隐去。

在乔布斯罹患癌症的时候，也是这个女人陪在他身边，拉着他的手，让他撑过一次次治疗，又将他带回到了公众的面前。

这女人没有抢着出现在人前，只在乔布斯背后默默微笑，她才是乔布斯力量的来源，辉煌的动力。对于自己的成就，乔布斯曾感言："这些都要感谢我的婚姻、感谢我的妻子。"

人们通常以为，富豪的女人一定是依附品，是伺候人的角色，但实际上，劳伦娜虽然支持着乔布斯，却依旧是独立的。

她是双硕士，高学历高智商，她很少出现在乔布斯与公众面对面的场合，因为她有许多自己的事情要忙。她做独立的慈善和人文项目，她几乎是乔布斯身后的慈善大使。

在曼哈顿举行的百度大型庆祝晚会上，当无数闪光灯和话筒对准财富英雄李彦宏时，李彦宏温情地把妻子马东敏揽到前排，他举起酒杯，深情地说："百度精神里有一种叫做勇气，而我的妻子马东敏博士，则是这勇气的来源。她总能在关键时刻，冷静地提出最勇敢的建议。而事实证明她的建议，将我引上了正确的道路。其实，我本质上并不是一个喜欢冒险开拓的人，而我的妻子是。在百度的冒险创业历程中，每一步都是她推着我向前走的。"

在回国创业前，李彦宏在硅谷当上了工程师，并且很快就成为了信息搜索领域里的杰出专家，拥有华尔街道琼斯子公司七十余万股期权，有了豪华别墅和名车。

就在李彦宏为自己的成就感到洋洋得意，觉得种种花草也挺开心时，马东敏却对丈夫有着更高的“要求”。她认为李彦宏在信息技术领域是顶尖专家，应该独立创业。

妻子一席话，激发起李彦宏内心的创业激情，因此，他选择了回国创业，于是百度出现了。“但这对她是一种挑战，一般出国的女孩子都更喜欢国外的环境。但为了我的事业，她毅然回国支持我，这是很不容易的。”

成功男人的妻子在他们奋斗的路上起了决定性的作用。这种“决定性”，不是决断和裁决，不是表彰与惩罚，不是威严和震慑。这种“决定性”，是细雨里的和风，是浸泡里的滋养，是孕育里的培植，是潜移里的默化。

女人以她们心理上的细腻，行为上的温和滋润着男人，女人在默默无闻中决定着男人的基本素质与人生走向，也决定着男人的成功轨迹。因此可以这样说，每一个成功男人的身后，都有一位伟大的女人。

男人喜欢贤惠的女人，但并不喜欢保姆型的女人。

生活中有很多女人放下自己的个性和追求，封闭了自己的智慧和成长，把自己永远固定在了贤惠的保姆角色里，结果却丢失了自己。

女人若是丢失了自己，还有什么魅力可言？就如同美国著名女性问题专家玛丽·鲍比说的：“一个不能够经营自己幸福的女人，问题不在于别人，而在于她自己。”所以，女人，你一定要懂得经营自己，让自己成为世上最有魅力的妻子。

如果说事业和家庭在某种意义上构成了一个完整的男人，那么，丈夫、孩子、事业的总和则是一个完整的女人。

无论改变传统的呼声如何高涨，无论革除清规的行动如何声势夺人，我们都不主张作为社会意义而存在的男人和女人要么只顾家庭不顾事业，要么只顾事业不顾家庭。

家庭好比地基，事业好比大厦，地基牢固，大厦才可以屹立不倒。没有家庭，何来事业?

所以，作为成功男人背后的女人一定要照顾好家庭，家庭的和谐美满是事业成功的最有力保障，来自家人的支持，是每个人成功的最大动力。

一个女人以其特有的智慧和善良与丈夫携手共进，能读懂男人在各个时期的需要和想法，跟得上男人的步伐，并能不断地提升自己，配合丈夫在家庭和事业上共同进步，帮助丈夫在人际交往中树立更好的形象，在男人失去目标和勇气的时候帮他找到方向，在男人骄傲时帮他找回谦虚与务实。

这样的女人，不仅仅在生活和婚姻中和丈夫心意相通，而且在事业上还能帮助和支持丈夫，让他在每一天都自信满满。

有人说，事业是男人的全部，而男人是女人的全部。

妻子和丈夫的兴趣应该紧紧地结合在一起，不只是为了工作，也是为了生活。夫妻是共同体，妻子没有办法不对丈夫的工作付出更多的精力。

所以说妻子的工作并不只是打扫房间，或是挽着丈夫的手出席舞会。好妻子是丈夫事业的助推器和加油站，最终将把丈夫推向成功，与丈夫共赏成功后的迷人风光。

俗话说：众人拾柴火焰高。

男人要想干出一番事业，必须要有众人的帮助，其中包括异性助手的协助，也就是人们常说的“红颜知己”的协助。

“红颜知己”如菊花如清茶，不妖娆不浓艳，她虽不会让人忘乎所以，但却有一种持久的清香，深入人的心田。在管理男人这一点上，“红颜知己”虽然不会为他铺床盖被，做饭换衣，但却能在精神上给予他体贴入微、无微不至的关心与关怀。她甚至会管理男人的一言一行、道德情操、理想事业，体谅男人前进道路上的辛苦，安抚男人心灵上的创伤，无论在任何时候都会帮助男人开拓事业，成就非凡。

任何男人都需要女人的“操纵”，因为他一迈出家门，就要在外面的世界中艰苦打拼。对男人来说，生活就是一场战争，任何人都不可能置身战场之外。

在这种情况之下，女人就应当学会去扶持、帮助、支持自己的丈夫，并且无论在任何艰难的情况下，或者他人对丈夫的抵触前，都坚定地站在丈夫一边。

在丈夫骄傲自满的时候，适当地说一些降温的话，让他认清自己，进而达到“操纵”他，让人们都支持他的目的。

让自己不光在厨房里熠熠生辉，而且在男人的事业中发挥作用，与自己的丈夫齐头并进不是更加美好一些吗？

劳伦娜做得到，我们同样可以做得到！

莫将男人当全部

女人一旦对某个男人动情，就会掏心掏肺地付出，吃再多的苦，流再多的泪，她都无怨无悔。所以，在男人一无所有的时候，她们会表现出一个成熟女人的风度，哪怕这个时候的她们正值青春芳华。

有许多女人的美好青春都栽在一个男人身上，过早地体会了爱情带来的疼痛。恋爱开始后，每个女人都能品尝到它带来的幸福，然而这些幸福也会被随之而来的现实问题所搁置。男人要工作，要创业，男人最纯洁也最令人感动的想法就是为这个与他同甘共苦的女人奋斗，给她一个完美的幸福，让她成为全世界全宇宙最最幸福的女人。

其实，每一段恋爱都会从开始的浓得化不开变成平淡得像一杯水，没有永远的激情，也没有永恒的心跳。

为了生活，许多男人都会在得到爱情后扎入事业，自然，许多女人也都会为了自己的男人守住寂寞。

女人其实很傻，没钱的日子拼命省钱，恨不得将一分钱掰成两半使，赚来的钱一半存着，一半都用在了男人身上。

好吃的让他多吃，看他瘦一点比自己瘦几圈都心痛。看到有名牌服饰在打折的，就给他多买几套，好歹也是名牌，总比自己在夜市里买的要体面。男人嘛，总得要些面子。自己嘛，无所谓。

女人的确善变，但变的是脸，女人的喜怒哀乐通常就写在脸上，因为她们担心如果放在心里的话，粗心的男人会看不见。

尽管如此，男人们依然看不见。看不见不表示他们不在乎，因为忙碌，要赚钱，要生活，这些浮华的情情爱爱对于想给你荣华富贵的男人来说实在有些不实用，所以他们会在一次两次三次的赔罪之后选择视而不见。

看不见你的心情是借口，但为了给你好一些的生活这不是借口。久

而久之，男人的漠视养成了女人忍气吞声的性格，他所做的这一切努力都是为了你，你还能抱怨什么？

男人小有成就了，当初的誓言也变成真的了，只是今天的女人已不是昨日的女孩，消失的美丽对于男人来说或多或少会有些遗憾。这个时候男人更多的是自责，而这种自责同样有时间限制，它跟恋爱一样，来也匆匆，去也匆匆。

每一个成功男人都要面对无数的诱惑，最大的诱惑是情欲。妻子的付出在让他们感动的同时，也让他们的内心起了些许变化。都说美女爱英雄，自然，成功男人的身边总是少不了漂亮女人的陪伴。

而成功的男人往往会造就两种截然不同的女人：怨妇和贵妇。

怨妇，顾名思义就是对婚姻生活充满无限委屈，对男人总有这样那样的抱怨，成天一副苦瓜脸，认为自己非常不幸，怨气冲天的女人。

这一类女人在面对男人的出轨问题时往往会走比较极端的路线，大有不闹个全世界都知道就不罢休的决心。

当然，她们这么做的目的只有一个，只是想吓唬吓唬这个不安分的男人，想通过社区舆论的压力让他受到良心的谴责，然后洗心革面重新回到她们身边。谁说女人一点都不了解男人呢？女人是了解几分的，她们明白男人爱面子。

她们抓住面子这根稻草，寄希望于面子的压力来压制男人。她们的想法是正当的，可做法真的不够理智，往往将事情弄到满城风雨而她们又后悔莫及的地步。

俗话说，家丑不可外扬。男人和外面的那些女人本来就只是在玩一场各怀鬼胎的游戏而已，经她们这么一折腾男人们干脆不再避讳。当秘密不再是秘密时，就没有什么可顾虑的了。

因此，一哭二闹三上吊的招数是既阻止不了男人对欲望的需要，也无法让男人醒悟的，其实，他们本来就是清醒着在做这些事。

男人是相当了解女人的，他们虽心存愧疚，但也是环境的改变让他们无法控制这种需要的，家里女人的平庸怎敌外面女人的妩媚？何况很多女人又是主动投怀送抱。

自然，家里女人闹得越是凶悍，他们心内的愧意也就越来越少。

男人不怕女人，甚至不担心婚姻会解散。

跟了男人十几二十年的女人已是要青春没有青春，要能力没有能力，离婚后还能选择谁？还能再为谁付出这么多？为一个男人倾注一生心血，她们还能再掏什么给下一个男人？

更何况，还有比男人更为重要的，那就是孩子！男人最清楚母性的伟大，他们知道女人可以为了孩子忍受世上最痛苦的对待！

因此，男人想得开，也将女人看得透，一个了解女人的男人永远不会关心会不会失去婚姻的这个问题。他们尽情放纵，尽情享乐，脸上油光闪闪，腰上大腹便便，脑门永远干净发亮。

而不了解男人的女人呢？成了怨妇，成了黄脸婆，成天守在家里等待男人归来，或者成天像福尔摩斯一样玩跟踪。你有了证据又如何？你盛气凌人地大闹又如何？

假如你握着这些证据敢于选择离婚那就勇敢的闹吧，将这个男人的名誉统统毁去！可是，如果你闹的目的只是不愿意失去他，你又何必自讨没趣？你毁去的不仅仅是他的名誉，还有你们的婚姻，你做了事与愿违的傻事，你成了和他格格不入的泼妇！

那么，就做一个聪明的女人吧，别再做傻事了。

成功的男人是不会轻易放弃婚姻的，他们比女人更懂名誉的重要性，那些外面女人的存在对他来说并不重要，只是逢场作戏，只是环境需要。

假如你不闹，假如你能够在心里宽容并宽恕他的错，假如你在面对关于他的流言蜚语时淡淡一笑，假如你在面对突然闯进门来告诉你他爱她不爱你的陌生女孩时，微扬你的嘴角说声辛苦你了……而不是失去理智地通过毁掉男人名誉来达到你想达到的目的，那么你得到的会比离婚得到的多得多。

其实，你可以像其他女人一样活得很好，甚至更好！换一种生活方式，别将时间和精力围绕在男人身上，你要做的就是让男人围绕着你，因为你已经付出全部，你已经拿不出其他能够让他再感动一回的东西，别再通过无意义的自我折磨来乞求他的怜悯，这只会让男人更加嫌弃你，讨厌你。你只要接受，接受他曾经承诺给你的荣华富贵就好！

学会尊重自己

生活中总有很多感情存在，我在上岛咖啡倾听了一位老姐的故事：

“我和老公是通过相亲组成家庭的，在此之前我们都有过一次失败的婚姻，也都是因为彼此的另一半背叛了自己。刚结婚那会，老公信誓旦旦地对我说，他会倍加珍惜这份来之不易的幸福，也会好好对我。那段时间他对我也真的是蛮好的，虽然我们真正在一起相互了解的时间并不长，但他婚后对我的态度确实打消了我曾经的担忧，我觉得他是个会疼我的男人。

“谁曾想梦幻般的幸福才没开始多久，我就发现他在外面有一个感情十分深的女人，更不可思议的是这个女人竟然是我的一个好朋友！他说是通过她才得知我的遭遇，认为我是一个好女人。他们早在我之前就已经开始了，那会儿他还没离婚呢。

“我很心痛，原以为他的离婚仅仅只是因为他妻子的背叛，不曾想他们是背叛了彼此。

“我那个朋友也是个有家庭的女人，她曾经跟她老公提过离婚的事，但没有成功。她很喜欢我现在的老公，明知道他已经重组家庭，明知道我是她的好朋友，她还是不肯放过他，一直纠缠他。更可恨的是，她对我的态度就像我是一个第三者，而我在嫁给他之前确实一点都不知道他们之间的情况！

“而我老公现在也还忘不了放不下她，背着我和她偷偷幽会。自从知道她的存在以后，我的思想包袱一直很重很沉，我是个内向的女人，不喜欢用一哭二闹三上吊的架势去威胁他，更不想去她家吵，让所有人都知道她的丑行。

“我告诉他我想放手，成全他们俩的好事。但他竟然说我想多了，说我不理解他的难处，让我相信他，给他时间。在我出现情绪反常那几天，他表现出关心我的样子，对我嘘寒问暖。然而，待我情绪好转之后，他就跟平常一样还是对我不冷不热。

“我好苦恼，虽然跟他在一起的时间没多久，可他毕竟温暖过我的心，我对他有好感，我嫁给他时就没想过有一天会和他离婚。我不能再离婚了，身为一个女人老是离婚肯定会招来是是非非，我真的承受不了！”

俗话说：“一朝被蛇咬，十年怕井绳。”这位姐姐有过一次失败的婚姻，当她面对第二次婚姻时更应该采取谨慎的态度，去了解那个即将和自己组建家庭的人，就像了解自己一样，从里到外都要一清二楚。

然而，亲爱的，你仅仅靠着相亲时的几面之缘就草率地决定了这个婚姻，谁能保证不会出问题呢？结果你还没来得及享受婚姻的幸福，就又添一道新疤。

我并不认为他们的相亲是纯属偶然。这个男人通过老姐的好友早就对老姐的情况一清二楚，知道她是个好女人，是个受过伤同时更加渴望依靠的女人，因此才会导演这一场相亲。

男人都有心计，知道纸终究是包不住火的，与其等她发现他们的事，不如在她认为他还不错的时候坦白，让这位姐姐陷入进退两难的境地。他之所以会有关心的举动，那是因为他还需要这位姐姐，在那个女子还没有离婚的情况下，又失去这么一个“温柔”的女人，那他岂不是损失惨重？因此，他用了缓兵之计。而且，我想象不出他有什么样的难处，那不过是他的借口，他根本就不懂什么叫“责任”！

如果这个男人真想开始新的生活的话，他早就做出决定了，而不是摆出一副悲伤无奈的模样，以此博取同情，让老姐默许他婚外的关系。他就是这样一个狡猾的男人，女人的怀疑、犹豫、担忧，他全部了如指掌，他有足够的自信。

亲爱的，当我们遇到这种情况时，大多数人都在自欺欺人，其实你心里比任何人都清楚男人打的如意算盘，你只是不愿意承认，不愿意再次面对婚姻的失败。要知道，一个男人如果真的珍惜这段来之不易的婚姻，一个小小的“她”是微不足道的。

男人经常不懂得尊重你的感受，不懂得爱情和责任孰轻孰重。

面对已经出现的问题，逃避现实只会一错再错。要记住，你放弃尊严换来的并不一定是圆满，无休止的纠缠与等待对女人来说就是一个陷阱。男人有的是时间，可是女人却耗不起自己的青春。

身为不幸的女人，你更应该懂得保护自己，更应该尊重自己。

让那些男人的“无奈”与“左右为难”见鬼去吧。

莫碰“婚外情”

英子在上大学的时候认识了他，他是英子同学的哥哥，也是她的老乡。第一次见面时，他们就像见到亲人一样。那天晚上，他们去舞厅玩，他把英子搂得很紧，贴着英子耳边说话，还不经意地用胡子扎她的脸，英子感觉他有点小小的坏。英子不会跳舞，也没有与男人这么近距离的接触过，还真有点像触电的感觉。

英子刚上大学时就设想：30岁时有一个像样的家，有一套宽敞明亮的住房和几大件家私，结婚后生养一个孩子。英子不求他能赚多少钱，有一点积蓄就可以了。英子也不求他能当领导，只要能一起平淡地生活就好，散散步，聊聊天，偶尔跳跳舞。

在后来两年半的时间里，他们每到周末就穿梭在两校之间。他叫英子“幺妹”，英子叫他“老公”，他给了英子无微不至的关怀和快乐。在校园里，在桂林，在九寨沟山水之间，他都给英子留下了美好的回忆。英子真的被他疼爱得好幸福、好幸福！

最终，英子带着一张毕业文凭，带着爱情满载而归。英子的同学在留言中写到：“好羡慕你，毕业后无需寻寻觅觅。”

在他的努力下，他们在同一所学校工作。他教会了英子很多，比如装订试卷、做饭，教会英子做人要不卑不亢。

他们结婚后生养了一个儿子，生活更加充满了快乐。他开玩笑地说：“今后，我就是你和孩子的爸爸。我会爱你，爱我们的孩子，爱我们这个家。”

英子觉得他的爱是发自内心的，她心里感到很温暖、很踏实。英子也很努力地工作，热爱这个家。

可后来英子发现，他们的兴趣、爱好和生活方式有很大的不同。他喜欢打麻将，喜欢抽烟、喝酒、喜欢与女人在一起玩。而英子喜欢散步、喜欢跳舞、喜欢运动。他从不把英子放在眼里，也不愿意跟英子在一起玩。他们的共同语言越来越少，英子心里暗自神伤。

虽说英子与他是在编的公办教师，但他们的工资并不高。为了改善经济条件，英子让他利用课余的时间做家教，多赚一些钱来改善生活。自从他做了家教后，常常深更半夜才回家。每次看到他拖着疲惫的身体回家，英子都很心疼。英子叫他早点回家，可他依然如此。

有一年暑假，英子听说他和一位女同事关系很暧昧。那女同事是他高二时的同班同学，毕竟人家也是一个有夫之妇，英子根本不信那些传闻，也没有把它当回事。

直到有一天，他提出要与英子协议离婚，英子才知道他与那女同事的那种关系竟然保持了十几年。一气之下，英子跑到那女同事家里撒泼，在学校领导和他面前又哭又闹，搞得鸡犬不宁。他叫英子不要再闹下去，不然的话他要辞职到外地去教书。当时，他像一个犯了错的学生，目光里充满了悔恨和诚意。

婆婆知道这件事后也劝英子说，家丑不可外扬，丈夫做错了事，做妻子的一定要冷静，一定要宽容，大吵大闹，不是把他往外推吗？英子也舍不得他走，为了孩子，为了这个家，英子原谅了他，也相信他会悔过自新。

后来，英子偶尔碰见他与那女同事在一起打纸牌、打麻将，还看到过他们在路上聊天。英子不再与他吵闹，只是好言相劝。

他说，他们在一起玩牌又不是孤男寡女，在路上聊天也是纯属巧合。英子无法与他沟通，只好告诫自己：地方太小，学校太小，做妻子的心眼不能太小。爱一个人，就要让对方自由、快乐！虽然英子这样想，但却始终挥不去心中的那个阴影。

那年暑假，他说和同事去云南旅游，英子怕他是耍什么花样，就没有同意，结果他在外面喝了酒回来就骂英子。

有一个同事对英子说："大姐，大哥的心已不在你身上，你要想开些，不要作践自己。"

不知情的朋友也对英子说："奇怪，他们怎么老是认为你不开心呢？"

有人问英子："你老公对你好吗？"

英子装着很知足的样子答道："好啊，他是一个很好的丈夫。"

至今想来，这几年，英子不仅欺骗了关心她的人，也欺骗了家人和自己。

当初在大学念书时，他们周末常去舞厅跳舞，也是他让英子学会了跳交谊舞，英子把跳舞作为一种休闲娱乐的方式。直到结婚后，英子还是把跳舞作为锻炼身体的健身运动。自从发现他有外遇后，为了摆脱内心的痛苦，英子坚持每天晚饭后去人民广场跳健身舞，有时也与同学或同事去舞厅跳交谊舞。

英子是一个不甘寂寞的女人，也有过一次出轨的经历，给他造成了很大的精神上的伤害。

多少次，他当着别人的面，大声斥责英子在外跟别人搂搂抱抱，搞婚外情，英子感到无地自容。

现在，他很少回家。最后，他对英子摊牌了，他已做出了离婚的决定，而且态度是那样坚决。他们已经没有了共同语言，名存实亡的婚姻，只会给彼此带来痛苦。

他说英子 40 岁不算老，还能找一个比他更好的男人度过下半生。英子不同意离婚，希望他回心转意。

他们毕竟在一起生活了 20 年，英子觉得她的爱是一种深层次的爱，不经历岁月的沉淀，是不会懂得它的厚重。他有过婚外情英子不怪他，英子也曾犯过一回错误，也希望他能原谅她。即使离婚了，英子也会守着这份爱，等待他归来。

英子的故事很平常，并没有什么特别的地方。像这种婚外情引起婚姻破裂的案例并不少见。她要我帮她写这篇文章，只不过是想找一个倾诉的对象排解内心的痛苦，也想通过这篇文章对自己的丈夫表白真情。她的故事，反映出一个四十岁的女人是多么地需要感情沟通啊！也许读者看到这篇文章能从中有一点生活的感悟。

婚姻中的男人和女人在出轨时投入的感情是不同的。

男人出轨是为了面子，是为了维持代表他身份的某种特殊象征，他们对情人是不带感情色彩的，只是需要和利用。

而女人出轨是因为寂寞，内心的空虚和枕边的冰冷让她特别渴望被爱。所以，女人一旦出轨就会把心也出卖，对情人要比对家庭来得轰轰烈烈。

越是有成就的男人就越明白，和任何一个女人结婚都是一样的，没有所谓的永恒不变的激情，也没有所谓的只属于一个人的真爱，更没有所谓的相濡以沫。男人会给情人一辈子的享受，但如果缠着他要名分，就会先把情人甩了，这种情人对男人来说是一件危险品，会让他身败名裂。

越是成熟的女人就越是天真，在对丈夫失望的同时，就会把希望寄托在下一个男人身上，总以为自己遇到的这个人会是个例外，以为他会给自己永恒不变的激情，会有所谓的只属于她一个人的真爱。

只要情人说一句离婚吧我娶你，女人就会不顾一切地跟他走，但最终她会发现离婚前的那些激情在离婚后荡然无存，这个男人甚至于还不如她的前夫。

激情，其实激情只存在于初始的美好爱情和偷情的基础上，当爱情日渐成熟时，上天会给你最后一道考验，经得起就迈进婚姻的门槛，经不起就各自散场。

当婚姻中的偷情变成了无人阻挡的习惯时，就像戒不掉的毒瘾，档次会越来越高，花样会越来越繁多。

婚姻，拥有的是真实，婚姻的平淡是激情的升华，它是一种考验，就像一杯茶，清淡舒心，品它是对生命和生活的享受，而违反道德的激情就是走向地狱的毒药。

所以记住，面对“婚外情”莫要碰触，因为咱不比男人，流言会使你受到千夫所指的伤痛。

除了一时刺激，咱又能得到什么呢？

离婚到底为哪般

我的一位朋友跟我说过，在早年，也就是小时候吧，他喜欢看琼瑶的《情深深雨蒙蒙》，喜欢看里面陆依萍敢爱敢恨的性格；喜欢看陆如萍宽容大度的秉性；更加喜欢看何书桓款款深情的专一；还有杜飞那光怪陆离的脑瓜。

然而，随着年岁的增加，他觉得《情深深雨蒙蒙》好假，甚至觉得里面的爱情观已经 out 了。他更加喜欢看《奋斗》或《婚姻保卫战》，以及赵宝刚新打造的都市剧——《男人帮》，一部赤裸裸地剖析了当代男人和女人的电视剧。

朋友说，琼瑶剧里面，全是诗词歌赋，全是谈情说爱，好像这些东西当真能当面包吃了，好像这些东西当真能当房子住了，好像这些东西当真能当车子开了。

现代社会生活的节奏多快呀，年轻人都承受着很大的工作和生活压力。物质和金钱都在考验着人们的爱情和婚姻。男人没房、没车、没有存款别想结婚，现在有几个女人会犯傻与你裸婚？

哪里有时间谈情说爱呀！哪里会去什么书呀，词呀的。光是一些赤裸裸的现实就把年轻人压个半死，哪里会有那份闲情逸致，找个老婆，找个男人差不多凑活过就得了。

琼瑶式的爱情缱绻、缠绵，天崩地裂，“你是风儿，我是沙”唱得少男少女荡气回肠。说起来，这爱情故事已经风靡近半个世纪，让很多情窦初开的少女做过嫁给白马王子的梦，的确影响了几代人，但往往也让一些女子感到迷茫。

琼瑶所渲染的爱情观与她所处的生活背景、文化背景分不开。她年轻时受过婚姻的挫折和痛楚，用她自己的话说，她遭遇了太多的大风大浪，脑海里只有悲剧，没有喜剧。她的小说里流露出她对幸福美满爱情的追求，她努力编制着美丽爱情的梦境，但她却忽略了爱情和婚姻的物质基础，也忽略了人性的卑劣和狭隘。

琼瑶式的爱情是属于她那个时代的，现在很多人已经不需要那种爱

情观了。没看现在离婚的人那么多吗，浪漫的爱情已经过时了。

对朋友这似乎很有道理的言论，我倒是自有看法。虽然艺术毕竟是艺术，但现在就不需要梦想了吗？不需要坚贞不渝的感情了吗？光是一首《一帘幽梦》，就已经唱出了每个少女的梦幻情节。难道人自生下来就是为了吃喝拉撒吗？难道人活一生就是为了生老病死吗？那该是多么了无生趣！即使是那些现实题材的作品，宣扬的也是真善美。

据统计，2010 年全国有 120.5 万对夫妻登记结婚，却有 196.1 万对夫妻办理了离婚登记手续。也就是说在这一年里，全国平均每天有 5300 多对夫妻分道扬镳。看看官方给出的原因，我不觉一对相信爱情、有责任心、能相濡以沫的爱人，会犯下面的错误。

1. 婚姻登记手续简便

现行的《婚姻登记条例》，使婚姻登记手续更为简化，夫妻离婚不再需要单位或居委会出具书面证明，对于名存实亡的婚姻，很多夫妻不想再维持了，只要去登记离婚就可以了。

多简单，多效率。可是，亲爱的，手续简化了，我们的感情不能简化呀。难道曾经的海誓山盟只是说说而已？下定决心之前好好想一想，我们真的就不能与那辛苦寻觅到的良人共度一生吗？

2. 夫妻缺乏奉献精神

上一代人患难夫妻多，他们比较看重基本的道德规范、家庭的责任以及婚姻价值。然而，传统的婚姻观念正被现代男女所打破，他们在婚姻中很少为对方着想，一旦家庭出现不好的状况，一些人也就不愿意为对方付出、做出牺牲了。

虽然婚姻不是爱情，少了花前月下的浪漫，但同样多了同甘共苦后的欢愉。遇到苦难就各奔东西，把自己应该承担的责任丢到一旁，“执子之手，与子偕老”都是说说而已。如此的“现实”，真的是我们想要的吗？我觉得，用心经营的婚姻未必不如琼瑶式的生活美好。

3. 夫妻缺少家庭意识

现代大多数年轻人崇尚自我，对于婚姻更多的考虑是自我的感受。比如，谁赚钱谁就当家，遇事只管自己高兴，经常无故晚归或在外夜宿，离婚二字常常挂在嘴边，也不会顾忌对方和长辈的态度，我行我素，家庭氛围淡，婚姻变得脆弱。

家是我们的港湾，不是留宿的客栈。如果你能怀有浪漫情怀，如果他是你的珍宝，那么外面的花花世界哪里还有哪怕是一点点的魅力？认真地想想，你真的喜欢灯红酒绿的生活吗？你内心深处的少女情怀怎么会消失得无影踪？人都是自私的，难道你就不能自私地为自己营造一个诗情画意的生活吗？

4. 持家能力低下

按照传统婚姻观念，“男主外、女主内”，女人应该承担家务。然而，现在女人也要同男人一样工作，不想下班之后还要忙里忙外，因而夫妻长期为了家务琐事闹别扭，影响了夫妻感情乃至发生感情危机。所以说，“家务低能”也是婚姻生活中的一个“软肋”。

记得一个朋友对我说过，看着童话故事里王子和公主从此过上了幸福的生活，可谁知道他们的生活又是怎么样的呢？或许也会因为谁来做饭而吵架吧。我嘲笑他说，王子和公主不用自己做饭。

亲爱的，我们不是公主，他也不是王子，家庭琐事是不能逃避的，但是洗衣做饭就不幸福了吗？你洗菜我做饭，锅碗瓢盆也能编织成爱的交响曲。

5. 趟不过婆媳冲突的浑水

很多年轻的夫妻原本感情很好，但往往处理不好与公婆的关系，因而导致夫妻双方发生矛盾。由于双方父母介入太多，缺乏容忍的意识，婆媳矛盾往往会演变为亲家之间的家庭大战，于是婆媳冲突也就成为了夫妻离婚的一大隐患。

可是，姑娘，你哪能那么幸运地遇上了万里挑一的“极品婆婆”呀！如果你从一开始就认定婆媳关系很难处理，那么你就会觉得事事不如意。要知道如果你真诚地对待你的婆婆，用心去关心她孝敬她，她也会像对待自己的女儿一样对待你，毕竟人心都是肉长的。

6. 娘家婆家分得太清楚

现在大多数人都是独生子女，他们一旦离开父母，父母就成了空巢老人。如果妻子一心为了娘家，就会引起丈夫的不满。特别是在过年的时候，很多夫妻谁也不忍心让父母孤灯清影地在家里过年，于是双方争着回自己家陪父母过年。当双方争执不下的时候，由于感情脆弱，往往就会成为离婚的导火索。

作为独生的一代，我们得到了更多的关爱，同时我们也要担负更多的责任。“4+2”的家庭模式使我们分身乏术，但当我们决定与那个他步入婚姻的殿堂，我们就要有把他的家人当成自己的家人的觉悟。既然都是自己的家人，哪里还有他家和我家之分。

7. 心理年龄没有长大

尤其是独生子女，从小在家里娇生惯养，比较任性，生活阅历少，结婚后总是按自己的生活习惯要求对方，他们不懂得如何承担家庭责任，还动不动拿别的异性与对方比较，有的人不顾时间场合互相揭短，这不仅伤了对方的尊严，同时也伤害了夫妻感情，婚姻也就变得很脆弱。

女子如若嫁人，就从女孩蜕变成女人。女人比女孩更有魅力、更有风韵，女人懂得包容，女人懂得关爱，女人能承担起责任，女人能像春雨一般无声地改变她的爱人。如果女孩还不能从心理上变成女人，那么她只能是一个不谙世事的女孩。

8. 夫妻感情不是很深

有的年轻人是奉子成婚或是奉父母之命成婚，他们考虑到父母的情绪，就轻易把自己交给对方，由于夫妻感情淡漠，对自己孩子的感情也不是很深。他们不会像上辈人一样，把孩子当作维系夫妻感情的纽带，只要婚后出现矛盾，往往会轻易分手。

生活节奏快了，爱情不能变快，“闪婚”的后果往往就是“闪离”。缠绵悱恻的恋爱有什么不好吗？何必要把自己匆匆嫁出去。短短的交往，你能了解他多少，他能了解你多少？或许你会说，我没有时间去谈一场轰轰烈烈的恋爱。亲爱的，你真的忙到了连约会的时间都没有了吗？

虽然事实看起来好像是这样的，然而这些所谓的残酷事实真的就不能避免吗？王子和公主，才子和佳人，哪一个不是经历了千难万险才最终走到一起？

浪漫的爱情故事虽然虚无缥缈，但是至少教给我们“山无陵，天地合，才敢与君绝”的精神，至少让我们圆了自己少年时节的梦。更何况，如果我们能多一些深情专一，多一些敢爱敢恨，多一些宽容大度，那么无论现实多么残酷也不会把我们的爱情和婚姻破坏掉。

他不行，我走人

我想每个女子在少年时节，都有过一个关于“白马王子”的色彩斑斓的梦。一天，又一天，盼着，再盼着。终于，女子披上了梦寐以求的嫁衣，仿佛这一穿当真就是那梦的开始。然而事实并非如此。大多数女子的不幸，是从这里开始的。

我想起了张爱玲。

读过我文章的人大多数都知道要论男女关系中的不幸，我常常拿张爱玲说事。为什么呢？

因为若要论家势，张爱玲是李鸿章的曾外孙女，张佩纶的亲孙女，家境显赫，那是最自然不过的了。即使后来改朝换代，家道中落，但俗话说“瘦死的骆驼比马大”，我想张家还是有些资产的。

若要论相貌，张爱玲的相貌既有着母亲黄逸凡的温婉、西化，同时也有着张家的冷傲，放在今日，只要张爱玲愿意，任何一个影视公司都会毫不犹豫地签下她。若要提及才情，我想以张爱玲的才情，就更无需多说了。

作为女人，张爱玲该有的品质几乎都理所当然地有了。但是，张爱玲也并非完人，她也有一些欠缺和不足，她学不会妥协，学不会惟命是从，学不会柴米油盐酱醋茶。

张爱玲很美丽、很优雅，她喜欢一切有关美的事物。当然她也相信宿命，她一直认为，任凭一个人具有通天的本领，也还是只能在命运的漩涡里徘徊。不是现在有句话，叫什么“人类一思考，上帝开始笑”吗？

张爱玲还是凭借才情，徜徉肆恣地写下了那句：于千万人之中遇见你所要遇见的人，于千万年之中，时间的无涯的荒野里，没有早一步，也没有晚一步，刚巧赶上了，没有别的话可说，惟有轻轻地问一声：噢，你也在这里？

当然这并非张爱玲真的具有凭空创造文字的功力，她能写出经典必是因为一个人，一个男人，这人不是其他人，就是大名鼎鼎的胡大先生，胡兰成。

文人自古冷傲，爱玲也如此。

张爱玲当然不会渴求什么萍水相逢，然后慢慢培养感情。虽然这放在寻常女子那里是理所当然。然而，对于她这么一个临水照花人的女子，谁又敢轻易苛刻呢？

但命运还是安排张爱玲遇见了胡兰成这样一位男人。他有权势，虽不大；他长得帅，虽逊于潘安；他懂情调，毕竟他在风花雪月场上混迹多年；他会诗词，尽管不似李杜，不比纳兰容若。但是，将这些综合起来看，哪怕是张爱玲这种骨子里要冷出青苔的女子，也要低到尘埃里去了。

更何况，胡兰成还有一道功力，那就是脸皮超厚！任凭你是块钻石，他也能把你给融了。

“爱玲，这世上懂得你的只有我，懂得我的也只有你。”如此言语，怕是也只有这样“身经百战”的男子才说得出来。他是懂得她的，甚至可以说他是懂得女人的。正是因为如此，他才能一下子击中张爱玲这个高傲女子的软肋，让她从此一发不可收拾，誓要与他“山无棱，天地合，才敢与君绝”。

“聪明的女人往往都不幸。”不知道是谁先说出这样的话，但这句话仿佛直的很灵验，很多女子都像被施了魔咒一样，谁都逃离不了这句话预示的命运。

胡兰成显然是情场的老手。他喜欢左右手一起用，一边开怀，一边迷雾。女人都喜欢谜一样的男人，更何况张爱玲是女人中的女人，她不喜欢太过浅显易懂的男人。

张爱玲爱上了这男人，爱得虽不是死去活来，却也卑于尘埃，低声下气。

纵然她表现得很冷血，似乎已经到了冷眼旁观的境地，尽管她歇斯底里地写出刻薄凌人的《白玫瑰与红玫瑰》，尽管她将《半生缘》里女人、男人的本性几乎写得一览无余，尽管她在《色戒》里将王佳芝与易先生的情愫表达得淋漓尽致，但是度人容易度己难，她身上那写不尽的悲凉，便是从她爱上这男人，这风流的男人开始的。

人们常说，恋爱中的女人智商几乎为零，或者为负。在年轻的时候，我总觉得这话大人们拿出来吓人的。男人跟女人有什么区别？聪明的男人跟女人有什么区别？男人沉浸于爱情只是在一时，而女人却有可能是一生，转眼间，一辈子过去了。

其实胡兰成与张爱玲相识的时候，胡兰成已经结过两次婚了，并且还有个姨太太，也是生得天生丽质。然而，爱情这东西有时候就跟吸食

鸦片一样，一旦接触，便再也拔不出来。尤其是有才情的女人在这一点上表现得更为明显。

张爱玲与胡兰成都是聪明人，自然晓得人生苦短，于是便仓促结婚。没有隆重的婚礼，没有教堂与钟声，只是简简单单的一张婚书。尽管如此，张爱玲也满足了，只因为一个爱字。

张爱玲从一开始就觉得《诗经》中描述男欢女爱的句子颇多，可是唯有“执子之手，与子偕老”这一句来得有力道。她爱了，真的爱了，把自己的身与心，一并奉上。

我笑了！马雅舒演的《大丫鬟》里，母亲在临死的时候对女儿的忠告便是：“对于一个男人，哪怕失身，都不能失心。”

将自己全盘交出，张爱玲爱得有多么笨拙！可是，爱上了就是爱上了。

女人远不比男人那么多情，一生只爱一个人，这是很多女人心中所想，并且付诸于实际行动当中。

女人往往认为“婚姻”是爱情的保险箱，张爱玲也这么想。

天哪，这种论断用在良人身上尚可，可是这是浪子呀，你明明爱上的是一位浪子呀。这种男人往往春心不减，他有着涉猎无穷的嗜好。

果然没过几日，胡兰成又爱上了年轻貌美的“小胡”，说是小女孩长得像老家邻居的小妹妹，让自己想起以前的很多往事，很是亲切。

这是多么堂皇的理由！小的时候我们见过的女人多了，女孩也多了。这个世界上人们的长相无非是由基因决定，那么多基因排列组合，总有很多相似得惊人的样貌出现，莫非等我们长大之后，要按小时候见过的长相，把相似的女人都爱个遍吗？这显然是一个站不住脚的理由。

张爱玲爱错了男人，因而最后以悲苦而凋谢。

当我们到了成年女性的年龄时，当然也会遇到同样的抉择。历史像一本古老的书籍，岁月总是翻到同一页。

女人有家势，就幸福了？女人有美貌，就安然了？女人有才情，就永逸了吗？张爱玲已经告诉了我们答案。

我们不仅要有才情、美貌，更要让自己更加聪慧、独立起来。时代不同了，男人显然已经不是女人的天了。

漫漫路途，我们需要一个伴侣相携，但是难免遇人不淑，如胡兰成一般。那么该怎么办呢？难道就真如张爱玲，因为他的离开，从此这花便谢了吗？难道就如深宫怨妇，从此变成行尸走肉吗？

不！坚决不！离开你，姐依旧活得灿烂！

你不行，姐走人。

张爱玲选错了男人，过得凄苦。那是那个时代的悲哀，而如今是一个自由的时代！

亲爱的朋友，给自己更多的精彩和勇气，若非骨肉相连，何必死缠烂磨！

放开他，让自己拥有更加辽阔的天空。

将爱进行到底

2011年伊始，李亚鹏与才女徐静蕾再度上演了《将爱情进行到底》。再度见面有些沧桑，有些物是人非的感觉。

其实，电影是源于生活而高于生活的一门艺术。

我们从少女时节的怀春，到青春凛冽的盼嫁，然后为人妻为人母，一个女人的一生就这样辗转、徘徊与彷徨。我们往往失去了自我，像风一样一路奔跑。我们有累的时候，想找个肩膀靠靠；我们有口渴的时候，想找个人递上一杯热腾腾的开水，仿佛最温暖的莫过于此；我们有伤心的时候，想找个怀抱来获得安慰，哪怕是片刻的柔情；我们有彷徨的时候，想找个人来商量一下，即使那个人没有意见，我们也高兴；我们有高兴的时候，想找个人来分享，那该多么快乐啊，像孩子一般天真；我们有撒娇的时候，想在他的面前孩子气，我们赤裸着双脚，一块在田野上奔跑，还有什么比这更加绚烂，更加斑斓的呢？

我们从小怀揣理想，我们开始背唐诗宋词，我们的数理化一样不落下，我们在工作中但任先锋，我们执著地紧随于他，我们相夫教子、孝敬父母。于是乎，有一天，我们突然发现自己老了，但我们的理想实现了，我们的他还在，我们的儿女已成人，我们的双亲含笑九泉。

这一路走来，坎坷、辛苦、流泪、伤心，可最终我们笑了，笑得那么开心！

好像这一切都那么自然。“存在的就是合理的。”这是中外通用的一句俗语。

这天，我回到老家。老家是一个小县城，这里的人们朴实而简单，空气清新而宁静。天空上的云朵似乎在诉说着陈年往事。风吹麦浪，淡若秋晴。

我已经不识得街上奔跑的孩子是谁家的宝贝，只是隐隐约约感触到了那句诗——“少小离家老大回，乡音不改鬓毛衰。”

回到家里，母亲给我做了我最爱吃的莲菜酸汤饺子，让我感觉到无

比温暖。我仿佛回到了小的时候，只是那时候过于倔强，过于生硬。

母亲说，下午她的几个朋友要过来坐坐。

我们准备好了茶水和瓜果。

好多年没有见面，我不知道她们是否会感慨我容颜的老去。

到了下午，母亲的朋友们陆续都到了，我面带微笑，语气和缓："来，阿姨，喝杯茶。"

这时候，在我印象中很美的她，抚摸着我的头："真快，真快啊，这岁月一走就是几十年，连我们的孩子们都这般年纪了。"

阿姨的眼角开始湿润了，她的儿子去了，她的丈夫去了，她的一生起起伏伏。刚开始阿姨嫁给的是有钱人家，相当于今天的"富二代"，然而命运是残酷的，每个人都有她既定的宿命。一个女人一辈子要经历多少苦难，才能真的成人呢?

阿姨继续摸着我的头："你母亲是好命呀，你父亲一生只爱她一个人，而你，一个也顶别人家孩子好几个了，命呀，一切都是命！"

她不再像年轻时候那般妩媚，也不再像年轻时候那样娇弱，她没有了年轻时候的好高骛远，如今的她看起来满是风霜。但她真的很美！能从我这么一个吹毛求疵的处女座人口中发出如此由衷的感慨，那肯定是名副其实了。

此时，我不知道从她脸上看出了什么，开始想到《一个陌生女人的来信》，是什么刺激了我的这种联想?

噢，是那位叔伯，我想起了他的女儿，一个在我少年时节感觉很美很高挑的一个影子。可惜的是，记得我刚刚上大学的时候，他的女儿自杀了。那时候，我不明白，觉得她真是过于看轻生命了。但是，今天我明白了，并且知道了她自杀的原因，大概是因为一个男人。张小娴那句话我不得不提："深情是我担不起的重担，情话只是偶然兑现的谎言。"多么揪心的句子，那是需要用年轮来衡量的心声。

算下来，她已经去了多年，如果真的有来生，我希望她活得傻一些。

徐静蕾扮演的那位陌生女人，一辈子只为了一个姜文扮演的叫"亮"的男人。在林海的琵琶语的配乐声中，古老的北京胡同在暗黄的旧纸堆里发出哀鸣。女孩打小看见这位男人就爱上了他，对于一个刚刚步入青春的女孩来说，她的爱永远是那么默默无声，那么不求回报，远远观望已经足够，这种爱显然没有成年女子的那种欲望。然而，这种爱却显得低声下气，微不足道。女孩长大了，考上了大学，再见到梦寐以求的他，但是他却始终不认识她。因为他的女人太多了！

他或许真不是"泡良男"，只是用一生在等候真爱的到来。真是可笑到了绝望的地步，一个女人活了一生，只爱了他一个人，并且拥有了他的儿子。他却一无所知！直到她的儿子死去，她便再也没有活下去的勇气了。她死了，他得到的只是一个个泛黄的文字，他终于哽咽了。可是，一切显得那么晚！

我想起那位叔伯，才不由自主地猜想他女儿的故事。这座村庄的古朴，养育了我们这一帮孩子，直到我们慢慢老去。

我的心突然酸了起来，有些控制不住自己的情绪："来，阿姨，我从海南岛带来的水果，尝一个。"

周围坐着几个老人，我想起了多年以前，我上大学时，周围也坐着很多老人。但，不是这些。他们大多已经进了另一个世界，我不知道那世界是否真如人们说得那样美。

大家都在聊着天，几位女人的头发已经花白，曾经年轻的脸庞布满了纹路。

一位阿姨说我，你这一路走来，好像没有什么坎坷，真是一个幸福的孩子。我笑了笑，不经过苦难洗礼的女孩，会是这样子的吗？

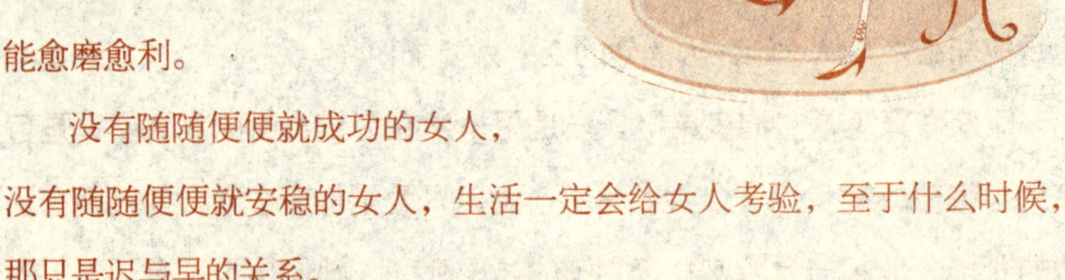

人们常常责怪或者抱怨生活的些许不如意，但是当一个人真的可怜到只求生存的时候，他根本没有时间和精力去抱怨。越是被生活锤炼出来的“铁打的女孩”，就越可能愈磨愈利。

没有随随便便就成功的女人，没有随随便便就安稳的女人，生活一定会给女人考验，至于什么时候，那只是迟与早的关系。

还是回到最开始谈的《将爱情进行到底》。有女人的世界，一定离不开一样东西，那就叫“爱情”。

非要经历几次，才会成长吗？

我们挣扎过、没落过、失望过、颓废过，乃至于丧失了活着的勇气。不为其他，仅仅是为了一个人，为了一个他。可他真的有努尔哈赤的英武吗？他真的有乔布斯的智慧吗？他真的有老子的宽容吗？他真的有潘安的美貌吗？

答案很明显：没有！

为其一生，我们便这样执著。

到了一定年纪，我们才慢慢懂得，其实一个女子的一生，不仅仅只有爱情，还有更多的亲情、友情等。

女人，是水做的，柔软，细腻，富有暖暖的母性。

我们何不将其放大、再放大！

将爱进行到底，而不仅仅是将爱情进行到底！

记住，从明天起，关心动物和粮食；从明天起，唱歌、跳舞和举杯；从明天起，吟诗，作乐和绘画。

从明天起，让女人更女人。

从明天起，让爱，融化冰与雪！

世界因为有了女人，才有了更多的爱！

结 语

故事讲完了，我想以一句纳兰容若的词句做最后的总结：“当时只道是寻常。”

看似很难处理的婆媳关系，其实细细想想，也没那么难。她也是女人，那句话说得好：“女人何必为难女人呢？”

照顾好自己的子女，拥有自己的事业，哪怕赚钱不多，也能让自己婚后依旧具有婚前的灿烂。“上得厅堂，下得厨房”完全可以做到，再难也不会比伤心折磨人难。

老公的思想如若真的出了偏差，不如效仿卓文君对司马相如：“努力加餐勿念妾。”坚强而能独立，宽容而有气度，男人还能逃出手心吗？

其实，人生就是一场孤单的旅行。那个他，不过是陪伴自己时间较长的那一位。既是旅行，为何不让它华丽，再华丽？

还是那句话：女人比女孩更美。

用心活，用心爱，将更多的光采照向周围，你就是最美的女人！

最后

讲在最后的故事

一阵浓烈的西北风在田野上吹过，
在素色装扮的包裹下，
却独独感受到一股羸弱但有质感的力量，
这是一种什么样子的修行？

爱的故事

4 月份，故事依旧在发生。

“爱超越时间的寂寞 / 证明它来过 / 如果回忆只是泡沫 / 我让你寄托。”我的手机铃声是范冰冰的《爱超越》，一大早不知是谁打来的电话。

“喂？”迷迷糊糊中，我还在想着刚才的梦，撅着嘴巴始终在偷偷笑着：天宫里是 Rizo 的宫阙，衣食备好，只待新娘入住……

“还没起床呀，你翠芳阿姨给你介绍了个对象，去见吗？”妈妈焦急的声音中好像自己的女儿真的已经老去，尽管我才 24 岁。记得从大学一年级开始，我每次接到母亲的电话就少不了一个话题，而她用的言词每次都是——“不要辜负了青春！”在母亲，或者大多数女人的概念当中，作为一个女人，青春仅仅局限在可以找到一个托付一生的好儿郎，其他反倒都是其次。

我很少跟母亲吵架，但每次都是因为同样一件事儿而闹得天翻地覆，在我还十分年轻的时候，居然有一次因为此事离家出走了，最后闹得全家人都不开心，何必呢？

人，总是要经历一些事情才会逐渐长大。

面对这件头疼的事情，我也学会了应对与协调。

然而，母亲依旧是喋喋不休。

“见啊。”这种敷衍的语气，母亲居然当真了。要说起《山楂树之恋》中的“纯”，父母辈儿，哪个不是呢？静秋的一个“纯”字，代表了一个女人还没有经历过太多的风霜，这样的“纯”若能保持下去，只会愈久弥香。在满口爱情的年代，老谋子急了，因为对“纯”的渴望搞了一次“纯”天然海选，惹得青春再次骚动。而母亲那一代，依然很纯，不知为何。

“那清明节可以回家来见见吗？”母亲像是做了全世界最伟大的工作，等待我下面该有的回答。

“好啊。”有时候敷衍会让关心你的人喜上眉梢，未尝不是一件积德的美事儿。

断了电话，继续做梦：Rizo 结婚了，但新娘不是我……

自打和你断去，我决定忘掉你，但是记忆总是将思念拉长，像是远方的火车，随着汽笛的鸣叫总是拉近，再拉近……

只如初见

写手，这个职业不是任何人想干就能干，它和其他职业一样，也是依靠量变而达到质变。与其他职业唯一有区别的是它不会有任何机构或者团体可以依靠，如果你想在写手圈里大展拳脚，就必须要积累好多年。而我，才 23 岁，而且学的是一个很理科性的学科。

为了所谓的理想，我信心十足地选择了这个职业！

可是当我真正全身心涉入这个职业的时候，便开始战战兢兢，有点如履薄冰的感觉。因为这个貌似和谐的圈子，也有它潜在的江湖。

刚开始，我像一只青涩的蚂蚁在岸边徘徊，我想象着这潮湿的岸边，也许会有期许已久的肥虫。我在张望，一天过去了，没有！

又一天了，没有！

好多天过去了，我开始有些饥肠辘辘。

我的下一站在哪儿？我的理想又在哪儿？

山，你会想起你的女人如此窘迫吗？

在面对现实与理想强烈的搏斗后，我想放弃了。

爸爸说："女儿，只要你回头，在咱们县政府塞点钱进去，你这一生父母也就放心了！到时候，给你物色个局长的儿子，什么都不是没有可能。那土地局局长的儿子不是对你蛮好的吗？"

我动摇了，也哭了。就这样放弃了吗？真的吗？

可是不放弃又能如何？人，总是要活着的。

理想，可能就是雪山上的那朵莲花，将在内心深处长期封存。

我要回去吗？就此回到那个小城？从此过着"无忧无虑"的日子？我哭了，因为理想的破灭！我哭了，因为他始终不出现！

今天，古都的天气依旧炎热，在出租房里，我一直将风扇拧到最大。我买了几盆朴素的吊兰，给它们不停地浇水，我想让燥热的空气稍许凉爽些。电脑里响着《空谷幽泉》这样透彻心扉的音乐，可是隐隐的伤却始终满怀，一时间，我竟不知道，在这样的燥热与哀愁中何以慰藉自己。

不知道是什么驱使，我决定要打扮一下，毕竟我还是在最美好的岁月里。

好久没有照镜子了，镜子里的脸，突然显得陌生。我在自言自语："是我吗？"长长的脸颊，骨骼显得尤为分明，不知道从什么时候起，不需要减肥，竟也可以瘦得令自己开始有些慌张！美好的年华，年轻的面容，竟然可以令自己这般惊魂摄魄？是什么鬼使神差？是什么巧若天工？这是在深深地自恋，还是我真的美得令自己窒息？我用不知何时纤细的兰花指抖了抖刘海，人说，年轻美丽的女子就是一幅最好的画卷，我是吗？不知不觉，右手触摸到了高耸的蝴蝶锁骨，然而一时间的落寞竟无端地从心头涌起，他，还会出现吗？这个世界有他吗？他还是跟慕容山一样的吗？不！我早该将他忘记了！"今夕何夕，见此良人"难道只是《诗经》

里的传说？“子兮子兮，见此良人何？”莫非只是范柳原与白流苏在浅水湾里的呓语？

我是在做梦吗？

梦，也该醒了吧！

正在这时，好久没有声音的手机响了，“你好，罗大才女，最近在忙什么？”

“哪位？”面对这样豪爽的女声，这个我不熟悉的音色，我一时间有些茫然。

“我，上海的那个呀！”

“噢。”我们之间因为一次简单的合作有过一些接触，不知道她突然来电话，是有何事情？

“罗大才女，想请你帮个忙，你不是在西安吗？”她倒一点都不见外，我已经听出来了，可能又是一次义工吧。

“恩，对呀，你说吧，能帮上忙的，我一定帮！”反正在家里也闷得慌，正好借此机会出去放一下风。

“我们公司最近又有一次调查，我在西安就认识你，你在‘麦德龙’超市帮我查一下一些商品的具体价格，可以吗？”

“当然，你把调查表给我发过来，我这就出去。”

“谢谢了，就靠你了。”能助人为乐也是一件挺美的事情。我穿上高跟鞋，穿上那件刚刚添置的粉红色的打到膝盖上的贴身旗袍，神采奕奕地走出了家门。走在街上，我做了个简单的上下伸展动作，拨打了114，询问清楚最近的一家“麦德龙”超市的位置，便出发了。

高挑的身材，年轻的面容，走在街上，颇为自豪与高兴，即使失去所有，我还是有年轻！

前面有个山东粗粮煎饼摊，我买了一个煎饼，不管不顾地大口大口吃下，突然间，我很想唱歌。

“今天天气好晴朗，处处好风光！”

一个十字路口过去了，一个十字路口又来了。为了等红绿灯，我驻足微笑，仿佛时光已将刹那定格为永恒。

绿灯亮起，阳光暖暖地照在我身上。前面闪过一张年轻而纯洁的外国面容，他笑了，骑着摩托车笑得那么开怀，好像是冲着我。我也笑了，一下子觉得：生活真好！

“麦德龙”在哪儿？我不认识，大概就是电视塔这个方向，可是在一个三维空间中去定位一个具体的点，那将是件不容易的事情，要么你来过，要么你有特异功能。可偏偏一个条件我都不具备，我只好请教清洁工叔叔了。

“你好，叔叔，能问你个地方吗？”我的礼貌令正在发怒的他不由得语气缓和而无限温柔：“姑娘，问吧。”

“这附近是不是有个‘麦德龙’超市？”在追问的时候，我一直感觉前面挡着一个骑摩托车的外国男孩。太可爱啦，我冲着他笑了笑，准备继续前行。

“你不能走！”一句不太标准的有点短舌头的发音让我着实笑了：这个男孩好无辜，好可爱呀！胖嘟嘟的脸，长而黑的睫毛，有着明显区别于亚洲人的深邃的眼窝。我的心，刹那间软了，他有一种天使落入凡间的感觉，尽管我不知道他从哪儿来，向哪儿去。

就这样相遇了，我不知道，他会不会闯进我的生活？

今朝灿烂

转过身，我继续向“麦德龙”的方向走去，摩托车的阻拦，让我对这异国的男孩子颇有好感，冲着他，我笑了笑：“你好啊！”

这里一平米之内的空气仿佛粘满了蜜糖，甜而不腻。

“我们可以交朋友吗？”他的声音滑稽、沙哑而富有磁性。刹那间，我完全被震慑住了，他从哪儿来的？这么多年了，我一直等的就是他吗？可是他仿佛又陌生起来，算了吧，我这真是“桃花”作祟！

“我们可以交朋友吗？”他用右手在我的前方晃了晃，仿佛是要把我从幻觉中狠狠地拉回。“当然。”出于尴尬，我用右手下意识地撩了撩刘海，他用一只手将我的右手慢慢地拉了下来，我看到了他那骨骼分明的纤长手指，手臂上有一些西方人特有的毛发，这样的性感，这样的优雅。我心想只有意大利的男子可以配得上这样的性感，现在的意大利无疑类似中国的盛唐。

“噢。”我赶紧利索而迅速地将自己的手抽了回去，“我还有事情。”

是刚刚下过大雨吗？空气的清爽让我一时间感到了极度的满足，还有什么比这更好的呢？

我笑了，内心开满了绚烂的花儿，二十多年了，我一直等的就是这样的邂逅吗？他的优雅与从容，我配得起吗？配得上吗？我心中充满不安，可是内心的愉悦是没有办法来欺骗的。好久没有的悸动，只有在初恋时的小鹿乱撞的感觉，刹那间萌发。可是，毕竟是在大街上，这种不靠谱的想法怎么会在我的脑海萌发？是不是这就是所谓的一见钟情呢？

“我可以记一下你的电话号码吗？”他那不太标准的普通话总是让我的心一直发颤，这样的声音仿佛就是冥冥中我等待的东西！而这样的面容也在刹那间让我深深地倾倒，这是真的吗？我用手拍了一下自己的右脸，对啊，前面站的不就是他吗？

“可以。”我拿起他的手机拨起了我的号码，“这个就是啦！”

“OK，谢谢你！”

“不客气！”这样的一来二往，我竟然觉得他身上散发着一种天然的优雅与高贵，天哪！我这是撞桃花了吗？

“白马王子”终于在我即将要放弃的时刻出现了！

为了赶紧完成上海的那个朋友托付的事情，我顺着清洁工叔叔指明的地点，找了过去。不一会儿，一个电话打来：“你好。”

“Hello？”

“你是？”

“我就是刚才那位男孩子！”是他，这样的短舌头中文，我却偏偏很爱听。本来陌生电话我一向会立即挂断，可是这不知从何而起的舍不得让我将手机紧紧地贴在耳边。我甚至开始害怕他对我的印象不好，毕竟我是从小城里走出来的。

“噢，是你呀。”我在小心翼翼地说着每一句话。

“对呀，是我！”凭我的直觉，我想这次的聊天应该不会很快结束。

“你是韩国人吗？”

“什么？”

“你是韩国人吗？”我听见他在电话那头笑了，狡黠地笑了！

“我不是韩国人！”我也笑了，笑声随着电波，在时空中流转。

“那你是哪儿的？”

“我是中国人，你看不出来吗？”我理直气壮地说。

“好的，好的。你多大了？”尽管不是面对面，我的面前却再次浮现他可爱而调皮的面容。

我的内心充满无限喜悦。

“我呀？23了！你呢？”我已经躲在超市旁边的荒地中间，坐了下来，准备长聊。

“我，12。”

“哈哈，多大？你，12？”我想12岁不可能长这么大吧，干什么，吃激素？那看他也正常啊。“你12怎么长这么大？”

“我是老外啊，老外吃肉长大的！”他笑了。我听见他在电话那头笑了。

“噢，老外果然不一样！”我竟傻傻地撅起小嘴，心里想着，12岁，忒小了吧，我为自己刚开始的想法感到莫名其妙的惭愧。“噢，你才12岁呀，我老了。”

“哈哈，哈哈。”我分明听到了对面的孩子般可爱的笑容。这哥们儿可真无邪，现在的中国男孩子少有这样啊。

“你笑什么？”我的先天性幼稚也突然被诱导，竟然变得傻呆起来，以往的成熟与深沉去哪儿了?

“我笑你，觉得你可爱啊！”对于他的天真烂漫，我只能想到的词儿是阳光灿烂。今天是什么日子呀，莫非我要感谢这上海朋友对我的再次麻烦?

“没有啦，我一般，不可爱啦。”我想这样的对话何不久点儿。很多年了，我一直没有碰到这样将幽默、狡黠、帅气与可爱集于一身的男孩。

“好的，你先忙吧。以后联系。”他的当机立断也使我嗅到了这男孩身上一股纯爷们儿的味道。

挂断电话，我将手机小心翼翼地放进挎包里，仿佛这是我们之间唯一的联络，没了它，我们之间也就永远断了，不会再有故事发生。寂寞的时候，我喜欢望着天，看它的幽邃；开心的时候，我喜欢望着天，看它的调皮，是云朵给了我们无限的乐趣。

我不由得往上翻了个白眼儿，小嘴巴撅了撅，鼻子往上勾了勾，哼哼。

深夜，请将我遗忘

女人在恋爱的时候，脸颊总是像五月的桃花，粉嫩而不娇柔，似乎满世界的幸福都被她所拥有。

第二个春天，我鼓足了所有的勇气。

笔锋辗转之间，我告诫自己将你忘掉。

放下了发髻，镜子里的自己显然已经乐开了花。好久没有这样子了，或许女孩子只有遇见自己心仪的男孩子才会这样吧。房子里四盆不开花的吊兰，刹那间散发出沁人心脾的泥土芬芳，我想这样的兰不需要任何修饰了。环顾自己小小的 20 来平米的房间，我笑了，笑得不由得开始转圈儿。这时我的电脑里响起《美丽》，这是在《倾城之恋》里用来祭奠白流苏与范柳原爱情的曲子。张爱玲，我不知道这个旷世才女当时的心境如何，然而我却深深地知道这是她与胡兰成恋爱时的佳作。对于胡兰成，我不敢以专家或者知名人士的口吻来做官方的评价，但我可以信誓旦旦地说，因为有了胡兰成，所以有了张爱玲！我不知道这样的断言会不会个人主义情节过分严重，可是哪个女子不希望在最美的年华，碰到最对的那个人呢？

“在那青青的春草叶上 / 轻盈的露珠在摇晃 / 是谁的目光悄悄开放 / 是谁的爱独自嘹望 / 看不见的世界在天上 / 看得见的世界就在身旁 / 那车水马龙的人世间 / 那样地来那样地去 / 太匆忙；

美丽呀倒影在心房 / 美丽呀泪珠挂腮上 / 美丽呀花儿吐芬芳 / 美丽呀你让我慌张 / 人生多么好心在歌唱。”夜色美丽，我不由得将这首歌完整地唱完，想想你也只是我一次美丽的邂逅，大概我早已应该将你忘掉了。

闭着眼睛，一抹眼泪在年轻的面容上轻轻而狠狠地划过：就让这夜色闭幕，将昨天永远封闭。

这时电话响起，怎么是个陌生号？

“哪位？”我带着疑问询问到。

“大作家，不记得我了，我们以前通过话呀！”

“记不太清楚了，呵呵，提示一下。”因为不属于令人讨厌的骚扰，我也就安心地对起话来。

“你不是说要给我家做家务吗？今天晚上，我和几位朋友来看看你。”对方的声音属于一个成熟老练的中年男人，没有浑厚，却颇有几分做作。好久没有见人了，不妨今晚出去一下。在学校的时候，我可是有名的“交际花”，为何走进社会，没有男朋友却要如此“贤良淑德”，改走良民路线了？

“好呀，哪儿见？”我怕长时间不出门把自己闷坏了，所以爽快地答应了。

“离你住的地方最近。”

“好的！那就石油大学南门口。”我已经知道这场晚餐并不是一个雇主与员工的简单相约，更可能是男女之间的一次明暗相斗的“战争”。

我刚刚挂断电话，短信响起：“ni hen ke ai，zan men ke yi cheng wei peng you ma？ wo jiao Rizo.”

是他呀，那个可爱的小男孩。“一般啦，当然可以。”我笑着将短信发出，很久没有这样子了，内心像灌满了蜜，甜甜的。“栀子花开 /so beautiful so white.”内心的悸动让我不由得哼唱起来：“真好！真好！”穿着旗袍，我不由得舞蹈起来，“是淡淡的青春纯纯的爱”，我被这样的邂逅醉倒了，还有什么比“于千万人之中，遇见你要遇见的人。于千万年之中，时间无涯的荒野里，没有早一步，也没有迟一步，遇上了也只能轻轻地说一句：你也在这里吗？”更加妥帖呢？

天旋地转，我觉得整个世界都应该一起跳舞；满怀喜悦，我觉得整个古都都应该起来歌唱，一起打破这沉沉的夜！我觉得全世界所有的人都应该起来恋爱，恋爱让地球度了一层粉红色，舔一舔，有草莓的清香，真好！

今晚是怎么了？好久已经没有这么热闹了，真是好事连连，喜事成双呀，我笑靥如花，真好，还有什么比这更好的了？刹那间，我觉得自己无比幸福。毕淑敏曾经给幸福作了一段诠释，我们20世纪80年代后期的学生一度将其作为自己人生的座右铭，来鞭挞自己珍惜拥有的一切，真好！然而在此刻，我没有在道义上，伦理上或者时间上深刻地考究幸福的含义，我想幸福的最简单定义就是自己的心灵愉快。此刻，我是天底下最幸福的人儿，我想给大山说：山儿，你看见我的幸福了吗？我想跑进幽泉里放声高歌：叮咚，叮咚，没有比我再幸福的人儿了！我想跑进闹市向所有人展示，让最繁华的街道唱满我幸福的歌，让最时尚的屏幕放映我最幸福的刹那，让最古老的钟来定格我最幸福的瞬间！

头顶上飞过几只蚊子，连它们也按捺不住喜悦的心情，在这夜色黄昏，在这不大不小的屋子里与我一同起舞、高歌。在我还沉浸在这满怀的幸福当中时，手机铃声像已经准备好的和谐乐章准时响起：“你好，到了吗？”我的声音在瞬间充满质感，好像所有的一切都是在为今天这美妙的夜晚而筹备，仿佛所有的嫁妆与所有的道具都是在为新娘出嫁而忙碌。还有什么比这更美的呢？让所有鲜花都开放，将所有乐器都拉响，连六宫粉黛都失了颜色，看哪，美好的人儿，心在雀跃！

“我们已经到了，就在石油大学南门口。”那边那位素未谋面的长者也表现得相当激动。在这种氛围当中我已经完全忽略了与陌生人初次见面的可怕，然而，有一种声音却一直告诉我：“你将又一次走向深渊，你这多情而深情的女子！”

“好的，我马上就到，我个子蛮高，穿一件短款粉色旗袍，高跟鞋，沙宣发型！”我为自己准确的描述再添十分，还有什么比这更加详细而不累赘的呢？看吧，所有的思维将重新拉回！

“好的，我们开着一辆黑色奥迪，到了之后打电话，好吧？”从那位大哥的激动，我能听得出这是他第一次跟我这样的女子接触。

电话里的话还留有余音，但我已经匆匆挂断。简单地收拾了一下，我匆匆出门。

今晚的月色真好，好像人这一高兴呀，身边所有的景色都加了颜色，一切的一切仿佛都是那么的光彩夺目。

出了小院，我看到了卖烧烤的大哥，汗淋淋的，全身都是。他皮包骨头，青筋都爆了出来，可是面容里却带有发自内心的喜悦。我算看出来了，一定是嫂子和孩子在家等着他赚大钱呢！

已经晚上 9 点多了，街上的车辆依然络绎不绝。在这蜗牛似的爬行队里，人们缓缓而行。看着他们一个个堵车，在十字路口焦急的样子，我的上嘴唇咬了一下下嘴唇，眼睛做了个卡哇伊的表情，还是我的“凌波微步”比较实用吧。黑夜给了我黑色的眼睛，我照样健步如飞，转眼间已经到石油大学南门。我开始寻找黑色奥迪。

然而，时间已经过去10来分钟了，我还是一直没有找到。“喂？你好，你们在哪儿？”我边打电话，边继续找着。

“噢，我们三个已经看见你了。”对方那边充满欢笑的声音。

此时，我也看见了他们。我没有任何防备，听从他们的安排上了车。刹那间，我根本没有想过他们会是人贩子或者什么的。也许我的胆子太大了。

陌生人的近交

我就这样坐上了奥迪，根本没有任何的防备。我完全不知这辆车将载我去何方。夜更加深了，我只是跟着三个陌生的老男人在不知要开往何处的车里安静地等待下一秒要发生的事情。未来是那么得没有规律与踪迹可循，也许我要面对的是一场末路，也许是一次贵人相助，我无法确定，只好听天由命。

这样小的车辆坐上几个体积不算很小的大活人，显然已经超出了它的能力范围，任凭它再是一种身份的象征。在沉沉夜色下，它只能全然抛开人类赋予它的任何含义，全力奔跑。就像劳斯莱斯标志的传说——一位美丽善良的舞女与一个贵公子惊天地泣鬼神的爱情故事，如果没有与豪车联系起来，怕也只是万千个普通故事之一。反过来，也正是因为人们为豪车配上了凄美的故事，才让这一架冰冷的机器拥有几分温情。然而，汽车毕竟是汽车，它基本的功能是载人，是方便我们出行的工具，我们对它基本的要求也不过是快捷与舒适。我们现在乘坐的这辆奥迪明显没有达到要求，此时的它局促而狭小。我的呼吸开始紧促，上嘴唇出现干裂，只能用下嘴唇给它柔软的温存。

在这个不属于我的有着上千年历史的古都里，在今晚，我坐上了一个陌生人的车辆，拿生活作了赌注，更用生命做了赌博！一个小女子没有一定的胆识或者魄力，怕是不敢这么做，即使两者都具备怕是也要三思而后行，毕竟现在的社会实际就是一个莫大的江湖，保不准你会死无葬身之地，谁又能说得清楚呢？

我的呼吸开始上气不接下气，我想让他们把窗户打开一下，让我的血液赶紧获得新鲜氧气的温存，不然谁能保证我下一秒不会窒息而亡呢？可是，我不敢，面对这三个四平八稳的男子，我开始怯场了，忍忍，再忍忍吧！

天哪，无论是等待死神的宣判，还是天使的回救，何不来个痛快？我就这样被硬生生地折磨着。人在没有被毁灭的时候，最不堪忍受的就是等待毁灭。天神，请给我最后的宣告！

死寂般的车辆终于有了窸窸窣窣的响声，我仿佛回到了人间，心脏开始正常跳动，谢天谢地！

坐在后面一个稍微体胖的男人用半京半秦的强调开始搭腔："是小罗吧？"这个简短的问候犹如惊雷打破了这隆冬般死寂的夏天，不知是谁打开了一扇窗子，夏天的凉风在这样的情境下，让人感觉难得而沁人心脾。

我沉寂在这样的豁然当中，一时间忘了回答后面那人的问话，傻呵呵地一个人憋着嘴傻笑。旁边的司机文质彬彬，戴着一副很普通的眼镜，看起来书生意气未尽退。可是他面颊的黯然却告诉我他经历了多年的风霜，凭我的经验，他不是专业司机。如果他只是做司机这样简单的机械工作，我是不会轻而易举地看出他这么多年的挣扎与不易。

“小罗，你一个人在笑什么呢？”后面另一位身体稍显单薄的男人开始搭腔了。不知道怎么了，我很讨厌他说话的感觉，我无法描述这是一种怎样的讨厌，可是我的胃本能地开始翻江倒海。

我赶紧打开旁边的窗户，紧张而急促，生怕真的吐了惹人笑话。

“没，没笑什么，就是觉得西安的夜色好美呀！”我自己都被我的虚伪逗笑了。这丫头，什么时候开始变得不直接了？什么时候开始话到嘴边就转了？不知不觉，为了生存，我已经变了。原来的一切在悄然中已经面目全非了！以前那个天不怕地不怕的主儿去哪了呢？

终于到了目的地，上面就是上岛咖啡了，我们将在这样一个地方谈论一次简单的合作。戴眼镜的那个走得很快，似乎是这里的常客，轻车熟路。我走在第二，为的是不被落下。

那位令我反胃的男人追上前来，跟做贼似的：“小罗，记一下你的电话号码，可以吗？”他这样我能拒绝吗？“好的！”我“爽快”地答应了。

进了咖啡厅，一种熟悉的感觉涌上我的心头。在我大三的时候，不是也做过咖啡厅的服务员吗？一切显得那么熟悉而充满张力，可是有些辛酸又不由地涌上我的心头。那时候，只是为了打发无聊的时间，可曾经的美好，我却始终无法忘记。

他们三个熟悉而自然地坐在三个对立的方位。我则站在服务员旁边，好像我们是永远的一类。我开始“迟钝”地站在那里等待三位老者的绅士风度，没想到的是，我最讨厌的那个竟然挪动了身体：“来，小罗，坐这儿！”

趁着这样的温存，即使胃有些不舒服，我还是见好就收：“谢谢你。”

我的寡言在陌生的地方当着陌生人的面显得那么成熟老练，谁说我的话一定要多呢？

“小罗是什么时候毕业的？”还是那位体胖的先开了口，从面相上来看，这类人天生喜欢出风头。

“07年！”我的回答简单而明了，字不多也不少。我惜字如金，好像真的是要进行谈判似的。

我一直低着头，将自己的头深深地埋在肚子里。老谋子不是为了选静秋而犯难吗？我这么一个现成的，他怎么就没看见？莫不是要我毛遂自荐，他才能看上我？

……

就这样，我们的一问一答开始了，四平八稳，不紧不慢。突然我的电话响起。“喂，你好，哪位？”我希望这哥们儿的一个电话，可以将我赶快带走，已经是晚上十点半了，我开始想念自己的“小窝”。

“是我，你忘记了吗？我是那个男孩，我叫Rizo，我想找你说话。”这男孩的单纯和短舌头的中国话，将我逗笑了，一提起他我就跟吃了蜜一般，甜甜的，纯纯的，真好！

“好的，你先在石油大学南门口等我吧，我稍后就来，好吧。”刹那间，我觉得他就像我去世多年的弟弟，正在黑夜里寻找自己亲爱的姐姐。他是那么的焦急与不安，从他的声音中，我听出了惶恐与担心。等着，我很快就过来。

“时间不早了，我要走了，我一个朋友还在等我呢。”我终于主动说话了。

“是男的吧？”我没想到他们会这么感兴趣。

“是，是我一个朋友。”我很淡然地回答。

“你男朋友吧？”胖子抓住不放。

“不是，仅仅是普通朋友而已。”我在极力将我们干净的关系与那种荤的关系区分，可是越是辩解他们越是不信。

“wo hai pa，ni kuai dian lai.”

一条新的短信又发过来了。

这汉语拼音组成的短信，让我不由得喜欢……

心 潮

已经晚上十一点了，上岛咖啡里依旧客人满座。大部分客人并不像我想象中的绅士小资，而是大腹便便。

我的心一直牵挂着外边，他还好吗？他会不会害怕？这大晚上的，他在异国的土地上会不会感到寂寞呢？在我们正当锦瑟年华的时候他会不会被人欺负？

服务员依旧干着机械性的工作，被一些苛刻的客人，吆五喝六；被一些无聊的家伙，嬉笑调侃。我尽力不去看我身旁的那位服务员，能看得出她是刚来的，虽然穿着朴素，但自有一种年轻时特有的光芒在空气中闪烁。“北方有佳人，绝世而独立。”这是很多东方女子的美丽写照。她们是美的，可是却红颜薄命，命途多舛。很多年轻貌美的女子还在为了生计而苦苦挣扎，尽管她们也身负理想，我相信那位服务员是这样，我也是这样。就在今晚，我来到这儿的唯一目的是解决生计问题。

一个人为了一个梦能坚持多久呢？有的人可能就是一辈子，倾其一生，不过做红楼一梦。有的人可能只用短暂的时间，就能圆了梦想，无需太多坚持。但对于大多数人来说，梦想是那么遥不可及，于是那些缺乏毅力和勇气的人就选择了放弃，梦想也只是成为他们短时间的调侃。

我的梦呢？我已经坚持了四年。可是出了“象牙塔”之后，梦想实现起来，就愈发的艰难了。曾经多少次在走投无路的时候，我想不然低下头吧，可我不甘心。我依然要怀抱着我的梦想，我相信总有一天它会实现。

于是，梦想还在延续，而我的生活也需要保障，没办法，我低下了高贵的头颅，狠狠地将自己打入这座城市。我这一连串思绪令自己都有些招架不住了，此时，面对这敏感的生计问题，我还需要矜持吗？

“陈大哥，咱们还是说一下今晚的主题吧？怎么样？我的一个朋友还在外边等我呢。”我焦急万分，想快点与对方谈好这次工作的相关条件和细节，可是对方的拖延与调侃，我已经看出来了，他们是在用我打发这无聊的夜晚。我的自尊心一下子受到了伤害，我觉得再这样祈求下去无非是让他们三个看一个年幼的异性如何扮丑。我虽没有慌乱，但我很生气，我的自尊心受到了又一次羞辱。

“小罗，急什么呢？喝完咖啡，咱们跳舞去。”胖子算是抓住我不放了，说得不亦乐乎，谈天侃地的好像受过长时间的压抑。

从小敏感而自尊的我，从心底开始恼羞成怒，痛恨与愤怒从我的骨子里冒了出来。但是经过了一番挣扎，我还是遏制住了自己心中的怒火：“这样吧，今天就到这儿吧，家务我也不做了，希望咱们以后可以成为不错的朋友。”拿起包，我就开始往外走，无尽的牵挂将我狠狠地拉向一个方向，他正在外面等我呢，他会不会害怕呢？我们仅仅见过一次，为什么我这么放心不下他呢？

那三个人因为我的先走好像也失去兴趣："那好吧，咱们送一下小罗吧。"就这样，我又坐上了那辆奥迪，但我已经失去与这三位男子进行任何对话兴趣了。也许一个自尊心强的人在目的没有达到，加之希望也不大的时候，总是甘愿放下。可谁说他们跟我有关系呢？我们不过是有希望合作的路人，我们的关系仅仅是这样的低层与肤浅。对于一个饱受凌乱与沧桑的女子来说，这样的关系屡见不鲜，况且他们与我的生命根本不会出现任何交集，至少现在我这么认为。抱着这样的法，此刻我只想尽快逃离他们。

"小罗，你是不是想尽快见到你男朋友呢？"胖子死追着不放，自觉是恋爱高手。开车的陈大哥也不免在旁边添油加醋："老房当年那可是一等一的才子加帅哥呀，不知多少女孩子醉倒在其怀中。"胖子的积极性愈发被激活，他开始没完没了地跟我讲他当年的情史。可谁知道他讲的那些是不是杜撰呢？

当我们的车开到石油大学南门口时，那个外国男孩已经不见了。

一种无法解释的落寞涌上心头，我觉得我把弟弟弄丢了，心中着急万分。

从车里走出来，已经是十一点半了，夜色深沉而空旷。你在哪儿呢，是我不好！一种从未有过的保护欲让我心生自责。

我打了他的电话，但没有报多少希望，我想他一定已经生气了。可是奇迹般的夜空总是将最好的礼物送给我，我的面前出现了一位贵公子的形象：蓝白相间的衬衫，整齐而温暖；帆布牛仔裤配上棕色的凉鞋。我笑了，我笑起来的眼睛像月牙儿，这是母亲给我的。他抬起右手，用纤长而硬朗的手指触摸着我的脸颊，我将自己的挎包紧紧地夹在腋下，一种从未有过的清朗与明了浮上我的心头。我已经陷下去了，在这无人的街头，他吻了吻我的额头，我的笑羞赧而张扬，我想让全世界为我欢呼：祝有情人终成眷属。

车里的三位老大哥俨然被这一幕所刺激，胖子用一副命令的口吻：“小罗，去，把你男朋友叫过来。”

“他们叫你呢。”此时我的心里全是满满的蜜，还有什么比这更甜呢？

Rizo 走上前去，跟他们了寒暄几句。之后，我们一道离开了石油大学南门，消失在这茫茫的夜色中。

年轻的人儿，灿烂的夜！

“双面”扁舟

我在很小的时候就听说过天涯歌女的故事。那时候我觉得自己是一代儒商的外孙女，再怎么沦落，天涯、江湖之类的词汇也只能用在别人身上，而我是绝对不会跟这些词扯上关系的。

第一次让我的灵魂发自肺腑地颤抖，是在上世纪末。当时，中央电视台出了一部电视剧叫做《温州女人》，到现在为止，我不知道它的主演叫什么，也不知道它的编剧是哪位神圣。可是它当初的美丽，依旧以最模糊的印象于存在我的脑海中。电视剧中那位女人的自强不息，那种莲花般的品格，已经在我幼小的心灵里深深地扎根，我发誓要成为她那样的女子。

这是我人生中的一个目标，也是我后来混迹10来年一直所想要达到的。我一直很天真的认为，只要我给予了，便可得到应有的回报。可现实是残酷的，社会并不像我们想象的那样美好和温情脉脉，它是一个名副其实的“江湖”。在这个“江湖”中，每天不知要上演多少出“三国”

般的你争我夺和弱肉强食。

尽管如此我还是选择了“江湖”，毅然决然！

在学校里，我显然是迷倒众生、才华出众的那类，当时的春风得意不禁让我飘然不知所至，我信心百倍地坚信在这“三国”般的社会中，我必然是巾帼豪杰——孙尚香。

就此我脱离了学校，正式进入了“江湖”。我一直坚信，我可以名满天下，我一定可以像汪小菲的母亲张兰那样，成就一个如“俏江南”般典雅与大气，高贵与从容的品牌。

要步入商界第一桶金尤为重要。可是在这商贩多如牛毛的年月，我这小小的女子，怎么才能得到第一桶金呢？我想，还是从自己的特长入手吧，我决定去当一个写手。

对一个没有在写手圈子内混迹过的牛犊来说，仅仅有着不怕虎的勇气，也依然是稚嫩的。经过几个月的打拼与厮杀，我在慢慢地成熟，但也在面临越来越多的问题，我开始如履薄冰。

有一天我发现，自己没饭吃了！

当我一个人在租来的小房子里看着天花板，眼泪已经将整个枕头灌湿的时候，我开始反省：我的倔强，在这个社会里需要收起吗？当我收起倔强，我还是我吗？人活着是为了什么？自从7年前我的弟弟去世之后，我就一直在想这个问题，非常纠结。难道我们只是为了所谓的吃喝玩乐而活着吗？如果是这样，一辈子碌碌无为，岂不只是一个过场？全球60来亿人多我一个，少我一个又有何区别？从那个时候起，我的脑海中总有一个声音在督促我：“姐姐，既已为人，何不活得有意义而洒脱？”我听到了弟弟的声音，在凌晨，我依稀看到了弟弟高大而俊朗的身影。可是，我已经要饿肚子了，弟弟，实现理想是需要基本保障的呀。看着

10来平米的民房，我哭了，泪水已经浸湿了整个床头。

正在这时，我的手机响了：“你好，哪位？”我的声音沙哑而深沉，好像带着满满的心事。也罢，终归已经是命悬一线的人了，何必计较跟谁对话呢？

“小罗呀，你都听不出我的声音了吗？”我一听对方恶心谄媚的声音，胃就开始不断强烈抽搐，这是一种什么样的反应呢？

“哪位？不好意思记不大清楚了。”我不是第一次出现这种恶心的反应，我预料也不会是最后一次。房子里挂着的四盆清雅的吊兰，依旧摇曳在夏天的晚风里。我不知道如同兰花般的君子气节我是否保留得住，但这的确是我的初衷。同时，追求文学上的清新是我一直以来的夙愿，追求人性的傲骨与贞洁也是我的想法。

可是在这个“有肉少骨”的大环境下我该怎么办？我在北京的胡同里寻，我转遍古都的村落找，我想“骨头”是有的，只是“骨头”上面毕竟有一层肥厚的膘肉。

一瞬间，思绪的飞扬已经让我忘记正在和一个我很讨厌人对话。

“小罗，你可真是贵人多忘事啊。”那边迂腐的官腔，在我大二那年第一次接触所谓的正式饭局时就已经听够了。

那次，我为了一顿饭，失去了自己的贞洁！当时我没有要寻死觅活，只是冷冷地被眼前恶心的家伙所蹂躏。当时，我想：此仇不报非君子！你等着瞧吧！可是他却毫不所动，这禽兽！

眼泪从眼角长长地流出，我再一次陷入了往事的苦痛之中。

正在我伤心欲绝的时候，面前站着Rizo：你还好吗？我很想你，可是你的电话关机，我害怕你有事情呢。他短舌头的发音格外纯真，我抱着他，在长时间内陷于沉默……

当晚，我和Rizo发生了一切该发生的事情！

在我最困难的时候是他的出现带给我活下去的勇气，只是后来，他走了，留下一句不太标准的汉语：“缘分尽了，咱们只能做朋友。”

我的图书慢慢出版，经济慢慢好转，精神却日渐消沉：从来都不要试图相信“机缘巧合”这个词，在自身的条件没有达到互相匹配的时候，所谓的“巧合”纯属某一时间段的无费用耍流氓，耍完之后，冠冕堂皇，还搞个煽情版：“咱俩，缘分尽了！”屁话！

至此，我变得更加沉默。

后记

写了这么久，终于到了要向读者交卷的时候。其实写作是一个自我疗慰的过程。身处世纪之初，中国正在进行着前所未有的经济、政治的发展，并且不由自主带动了人文的逐次进化。我们沐浴着改革开放的春风，但是一些骨子里的传统是亘久未变的，作为生活在这片古老而悠久的土地上的女子，我们身上似乎总有着摘不掉的习俗，抹不掉的传统。

正是因为如此，在变革中，我们这样的女子总是显得“格格不入”，或者叫“不合时宜”。

我没有自己特别喜欢的某种文风，只是无比眷恋这世上少有的真性情的女子。在文中我曾谈起民国女子张爱玲，不是在嘲讽她爱得笨拙，只是有些“同是天涯沦落人”的惺惺相惜；也曾谈及张曼玉，并非笑侃她“易求无价宝，难得有情郎”，只是在唏嘘“你，怎么来得这么晚？”

创作的过程犹如一个女子生孩子的过程，到了该分娩的时候了，我该镇定自若，虽然如此安慰，但还是“战战兢兢，如履薄冰”。

借用廖一梅的一句话，“像我这样，笨拙地活着”，好吗？作为这个时代的女子，这本书里的文字旨在说明女子何其为善，何其为能，何其为创，何其为谋。

这本书的产生，是自己一个自我完善的过程，也是同周围女子们一个互相学习的过程。在这期间，我一直不知道书名该定什么，总觉得，像一个新婚妈妈在给自己刚出生的孩子取名字，觉得什么都不合适，但是最终在完成文字的时候，我毅然地将其定为《爱情是女人一辈的事》。

更多的文字，全是与众女子以心换心的过程。

作为作者，我，在期待……

作　者

2012 年 1 月